제3판

행정법 요점정리

김 향 기 저

大明出版社

제3판을 내면서

제3판은 본서의 바탕인 「행정법개론」이 최근까지의 법령의 제·개정 및 판례를 반영하여 개정됨에 따라 이에 맞추어 개정판을 내게 되었다. 행정법은 단계적인 학습방법이 필요한바, 먼저 행정법 교과서를 중심으로 행정법의 전반적인 내용과 각 이론을 정확하게 이해하고 익혀야 한다. 다음, 행정법의 광범한 내용을 가능한 한 최대한 압축하여 쟁점중심의 요점정리를 통한 반복학습과 필요한 부분의 암기가 필요하다. 마지막으로, 행정법의 사례문제에 행정법이론을 적용하여 해결하는 방법을 익힌다. 행정법 전반에 걸친 정확한 이해 없이는 요점정리와 암기가 쉽지 않으며 사례문제의 정확한 쟁점파악과 논리체계적 검토도 어렵게 된다. 또한 광범한 행정법내용을 모두 기억해 내기 어렵기 때문에 이를 대폭 축약하여 적어도 쟁점별 소목차와 요건 등 키워드 정도를 암기하지 아니하면 사례문제의 쟁점을 파악하였더라도 답안을 쓸 수 없다. 나아가 사례문제의 효과적인 검토방법을 모르면 고득점의 좋은 답안을 작성할 수 없으므로 최종적으로 고득점을 위한 사례문제의 답안작성요령을 익혀야 한다.

본서는 행정법 교과서를 통한 행정법의 기본공부가 이미 된 상태에서 방대한 행정법의 내용을 압축하여 쟁점별 요점을 정리하여 단기간의 반복 학습과 암기를 하는데 활용하도록 만든 책자이다. 사례문제 해결에는 적절한 논리체계적 목차구성이 중요한데, 본서의 쟁점별 목차구성은 이러한 점을 염두에 둔 것이므로 시험준비의 최종단계에서는 본서의 쟁점별 목차만 암기해도 좋은 답안작성에 큰 도움이 될 것으로 기대한다.

본서는 졸저 행정법개론(제14판, 탑북스)을 바탕으로 작성되었는바, 쟁점별 압축된 요점정리의 어느 내용이 이해가 잘 되지 않거나 좀 더 자세한 내용을 알고자 하는 경우 또는 관련 판례를 더 보고자 한다면 쟁점별 제목 옆에 〈개 00〉 등으로 표기하여 행정법개론(제14판) 00면을 참고하면 된다. 또한 이러한 이론이 실제 어떻게 답안에 활용되는지를 알 수 있도록 하기 위하여 쟁점별 제목 옆에 〈연 00〉 등으로 표기하여 졸저 행정법연습(제12판, 대명출판사)의 00면을 참고할 수 있게 하였다. 또한 쟁점별 제목 옆에 예컨대 〔사시 53회, 행시 53,55회, 입시 25회, 변시 3회〕 등을 표시하여 쟁점별로 시험별 출제빈도와 출제가능성 및 중요도를 가늠할 수 있게 하였다.

본서를 통해 반복학습과 필요한 부분의 암기를 하고, 위에서 설명한 세 단계에 걸친 충실한 단계별 학습이 이루어진다면 행정법의 완전 정복은 어렵지 않을 것으로 기대한다.

끝으로 본서의 출간과 좋은 편집을 위해 애쓰신 대명출판사 이철구 사장님과 편집진 여러분께 감사의 말씀을 드린다.

2021년 2월 20일

김 향 기 씀

목 차

[일러두기]

<개 23> ------ 행정법개론(제14판)(김향기, 탑북스) 23면
<연 35> ------ 행정법연습(제12판)(김향기, 대명출판사) 35면

[사시 59회] --- 사법시험 제59회(2017년 시행)
[5급 20년] --- 5급공채(2010년 시행)
[행시 61회] --- 5급공채 제61회(2017년 시행)
[입시 36회] --- 입법고시 제36회(2020년 시행)
[변시 10회] ---- 변호사시험 제10회(2021년 시행)
[법행 35회] ---- 법원행정고시 제35회(2017년 시행)

대판 2016.09.23. 2016두 2325 --- 대법원 2016.09.23. 선고 2016두2325 판결
헌재 2016.7.25. 2015헌마667 --- 헌법재판소 2016.7.25. 자 2015헌마667 결정

행소법 2①(1) ---- 행정소송법 제2조 제1항 제1호

1 통치행위

<개 5>

1. 의 의

통치행위란 고도의 정치적 결단에 의한 국가행위로서 사법적 심사의 대상으로 삼기에 적절하지 못한 행위를 말하며, 입법도 사법도 보통의 행정도 아닌 제4종의 국가작용이다.

2. 인정여부

(1) 긍정설

권력분립설, 재량행위설, 사법자제설, 독자성설 등 대립

(2) 부정설

법치주의 및 행정소송의 개괄주의를 근거로 모든 행정작용은 사법심사의 대상이 되어야 하므로 통치행위개념 부정

(3) 판 례

"대통령과 국회의 판단은 존중되어야 하고 사법부의 중립성과 독립성을 위해 사법심사권의 행사는 자제되어야 한다"고 판시하여(헌재 2004.4.29. 2003헌마814 일반사병 이라크파병 위헌확인; 대판 1985.1.29. 74도3501 대통령긴급조치위반) 사법자제설 및 권력분립설의 입장

3. 판단기준

① 정치적 책임을 질 수 있는 국가기관의 행위(대통령, 국회 등), ② 고도의 정치성, ③ 헌법에 부여되어 있는 권한

4. 한 계

① 헌법수권규정에 따를 것, ② 기본권 침해와 직접 관련되지 아니할 것, ③ 비례원칙과 평등원칙 준수, ④ 헌법과 법률에 명시된 절차와 요건에 따를 것, ⑤ 통치행위에 부수하는 행위(통치행위 그 자체가 아니라 이를 실현 내지 집행하기 위한 부수적 행위)는 사법심사의 대상

2 법치행정의 원리

<개 15, 연 6>

1. 의 의

법치행정의 원리는 법치주의의 행정면에서의 표현으로, **행정은 법률에 근거하고 법률에 적합해야 한다는 원리**를 말하며 **행정의 법률적합성의 원리**라고도 한다. 오늘날은 국가작용의 절차와 형식의 합법성이라는 형식적 법치주의와 법 내용의 정당성이라는 실질적 법치주의를 포괄하는 개념임

2. 내 용 [입시 31(법률우위)]

(1) 법률의 법규창조력

국가작용 중 국민의 권리의무에 관한 새로운 규율을 정하는 것은 의회가 정립하는 법률에 따라야 하며, 의회가 정하는 **법률만이 법규로서의 구속력**을 가진다는 것

(2) 법률우위의 원칙

법률이 국가의사 중 최상의 것으로서 행정이 **법률에 저촉될 수 없다는 것**으로 행정의 법률에의 종속을 의미한다. 합헌적 법률우위, 통일적인 국법질서 유지를 위함

(3) 법률유보의 원칙 [사시 54회]

(가) 의의 : 행정권의 발동에는 개별적인 **법률의 수권(근거)**을 필요로 함을 의미. 즉, 법률이 행정권 발동의 요건

으로 행정은 법률에 의해서만 행해져야 함을 말함

(나) 범위 : 침해유보설(국민의 자유와 권리를 침해하거나 의무를 부과하는 침해행정은 법률에 근거해야), 전부유보설, 신침해유보설, 권력행정유보설, 사회유보설, 중요사항유보설(본질유보설)(국가공동체와 국민에게 중요하고도 본질적인 사항은 법률로 정해야 한다는 설, 다수설·판례)

○ **의회유보** : 법률유보에 해당하는 사항 중 일정한 것은 의회가 스스로 법률로 규율하고 행정입법에 위임해서는 아니 된다는 원칙 ←국민대표기관으로서 민주적 정당성 및 공개성에 근거

○ **행정유보** : 의회에 의한 관여를 허용하지 아니하는 고유한 영역을 행정권에 유보하는 것, 행정권의 독자적인 법정립권 인정 ←법률의 경직성과 행정의 임기응변 및 구체적 타당성의 요청

3 행정법의 법원

<개 28>

1. 의 의

행정의 조직과 작용 및 그 구제에 관한 법의 존재형식을 말함. 행정법의 성문법주의

2. 성문법원

헌법(행정법은 헌법의 구체화법·집행법), 법률, 국제법, 명령, 자치법규

3. 불문법원

관습법, 판례법(대법원 판결, 헌법재판소 결정), 조리법(법의 일반원리)

4 평등의 원칙

<개 34, 연 11>

1. 의 의

행정작용에서 특별한 합리적인 사유가 없는 한 상대방인 국민을 공평하게 처우하여야 한다는 원칙

2. 판단기준

(1) 차별취급 여부

본질적으로 같은 것을 다르게 또는 본질적으로 다른 것을 같게 취급하는지 여부

(2) 자의성 여부

차별취급 하는 것이 합리성 없이 자의적으로 이루어졌는지 여부

[판례] "일반적으로 적용하여 온 기준과 어긋나게 공평을 잃은 징계처분은 위법" (대판 2001.8.24. 2000두7704)

5 비례의 원칙

<개 35, 연 11, 91>
[행시 38회(1994), 48회]

1. 의 의

행정주체가 구체적인 행정목적을 실현함에 있어서 그 목적실현과 수단 사이에 합리적인 비례관계가 유지되어야 함을 의미. 행정법 전반에 걸치는 원리임. 헌법 37②에 근거

2. 내 용

(1) 적합성의 원칙

행정조치는 그 의도하는 목적달성에 적합해야 함(수단의 적합성)

(2) 필요성의 원칙

행정조치는 설정된 목적실현을 위해 필요 이상으로 행해져서는 아니됨(피해의 최소성)

(3) 협의의 비례원칙

행정조치의 정도는 공익상 필요의 정도와 상당한 균형 유지해야 함(상당성의 원칙)

〔판례〕 "인허가 등 수익적 행정처분의 취소·중지는 그 사유가 있더라도 공익상의 필요보다 상대방이 받게 되는 불이익 등이 막대하면 위법"(대판 1993.5.27. 93누2803 등)

6 신뢰보호의 원칙

<개 39, 연 16, 279>
[행시 56,60회, 사시 35(1993), 41,59회, 입시 20회, 34회, 변시 8]

1. 의 의

행정청의 국민에 대한 언동의 정당성 또는 존속성에 대한 개인의 보호가치 있는 신뢰를 보호하여 주는 것

2. 법적 근거

신의칙설, 법적안정성설 / 헌법상 법치국가원리 / 행정절차법 4②, 국세기본법18③

3. 요 건(→선·보·처·인·반)

(1) 행정기관의 선행조치

상대방의 기대·신뢰를 가져오게 한 행정기관의 행태 있어야 함.

법령·계획·처분·약속 등 적극적 및 소극적 언동 포함하여 행정청의 **공적인 견해표명**(행정조직상 형식적인 권한분장이 아니라 담당자의 조직상의 지위와 임무, 구체적 경위, 상대방의 신뢰가능성 등 실질에 의해 판단)

(2) 보호가치 있는 신뢰

선행조치의 정당성·존속성에 대한 관계자의 신뢰가 보호가치 있는 것이어야 함 / **선행조치 인식 못하였거나 철회권유보·사후변경의 유보, 신뢰에 대한 관계자의 귀책사유**(부정행위, 행정조치의 위법성 인식 또는 중과실로 인식 못한 경우) 등은 보호할 신뢰 아님

(3) 신뢰에 의한 처리

신뢰에 의한 처리(자본투자 등)를 보호하는 것이어야 함

(4) 인과관계의 존재

선행조치에 대한 신뢰와 관계자의 처리 사이의 인과관계가 있어야 함

(5) 선행조치에 반하는 조치

선행조치를 신뢰한 상대방 이익을 침해하는 결과의 발생

[판 례] "폐기물처리업에 대하여 관할 관청의 사전 적정통보를 받고 막대한 비용을 들여 허가요건을 갖춘 다음 허가신청을 하였음에도 청소업자의 난립으로 효율적인 청소업무의 수행에 지장이 있다는 이유로 한 불허가처분이 신뢰보호의 원칙에 반하여 재량권을 남용한 위법한 처분이라고 본 사례"(대판 1998.5.8. 98두4061, 폐기물처리업허가신청에대한불허가처분취소)

4. 한 계

(1) 이익형량

견해표명에 따른 처분은 공익·제3자의 정당한 이익을 현저히 해할 우려 없어야

(2) 법률적합성원칙과의 우열 문제

이미 시행되고 있는 위법한 행정규칙이나 행정관례를 신뢰한 자는 장래에서도 그 관례에 따라 처리할 것을 주장할 수 있는지의 문제

(가) 학설 : ① 법률적합성우선설, ② 동위설, ③ 이익교량설,

(나) 판례 : 당사자 등의 이익과 공익 및 법규위반의 정도 등 비교형량(이익교량설)

(다) 검토 : 이익교량이 타당. 다만, 단순착오로 위법처분을 계속한 경우는 처분청이 추후 오류를 발견하여 합리적 방법으로 변경하는 것은 가능.

(3) 사정변경

신뢰형성의 사실관계가 사후 변경되고 관계자가 인식 또는 인식할 수 있는 상태에 있으면 신뢰보호 기속력 배제됨

5. 적용영역

수익적 행정행위의 취소·철회의 제한, 공법상 확약, 실권, 계획변경, 법개정과 소급효금지(진정소급효 금지가 원칙, 부진정소급효는 허용이 원칙이나 경과규정 둠)

7 행정의 자기구속의 법리

<개 49, 연 16> [행시 56회]

1. 의 의

행정청이 재량영역에서 그 재량권을 일정한 방향으로 행사한 결과 그에 대한 관행이 형성되어 있는 경우에는 평등의 원칙에 따라 행정청은 동종사안에서 종전의 관행에 따른 처분을 해야 할 법적 구속을 받게 되는 것

2. 근 거

평등원칙설, 신뢰보호원칙설, 판례

3. 성립요건

(1) 재량영역

기속행위는 행정에 재량의 여지없고 법이 정한 대로 행동해야 하는 법률기속성의 효과의 문제이므로 행정의 자기구속에 해당 않됨

(2) 동종사안

상대방에 대한 사안과 제3자에게 행했던 사안이 법적 의미와 목적에서 같은 종류로 취급될 수 있어야 함

(3) 행정선례의 존재

동종사안에 비교대상이 되는 행정선례 존재해야 함

(가) 학설 : ① 계속적으로 반복된 행정관행이 존재해야 한다는 행정관행설(판례, 다수설), ② 행정실무가 단 1회만이라도 행해졌으면 충분하다는 행정선례설, ③ 공무원은 복종의무·법령준수의무에 따라 행정규칙에 따를 것이므로 예기관행·선취된 행정관행으로서 행정규칙 자체로 행정의 자기구속 가능하다는 행정규칙설이 대립

(나) 판례 : 행정규칙인 재량준칙이 행정관행을 이루면 자기구속 인정(행정관행설)(대판 009두7967)

(다) 검토 : 행정관행설에 따르되, 행정규칙이 공표된 경우 등 국민에게 법적으로 보호가치 있는 신뢰가 생긴 경우에는 행정의 자기구속을 인정할 여지 있음

4. 한 계

(1) 시간적 한계

상황변화에 따라 새로운 비교기준 가능

(2) 장소적 한계

동일한 행정청 또는 공통의 상급행정청의 관할 범위에서 적용

(3) 적법한계

동종사안에서 제3자에게 행한 행정선례가 위법일 경우, ① 법치행정의 원리상 행정선례는 적법해야 한다는 '불법에 평등 없다'는 설과 ② 평등원칙의 우위성에서 법치행정의 원리의 회복보다 상대방의 구체적 이익보호가 더 필요한 때에는 이 법리가 적용되어야 한다는 '불법에 평등 있다'는 설이 대립됨. 판례는 전설을 취하는바, 행정의 자기구속은 법률구속의 불충분성을 보충하는 것이므로 법률에 반하지 아니하는 범위에서 적용된다는 점에서 전설이 타당

〔판례〕 "재량권행사의 준칙인 행정규칙이 되풀이 시행되어 행정관행이 이루어지게 되면 평등원칙이나 신뢰보호원칙에 따라 상대방에 대한 관계에서 그 규칙에 따라야 할 자기구속을 받게 되므로 이를 위반하면 재량권을 일탈·남용한 위법이 된다"(대판 2009.12.24. 2009두7967 신규건조저장시설사업자인정신청반려처분취소 등)

8 부당결부금지의 원칙

<개 47, 연 108>
[행시 43회(1999), 5급 20년]

1. 의의, 근거

행정기관이 행정활동을 함에 있어서 그것과 실질적인 관련이 없는 반대급부와 결부시켜서는 아니 된다는 것. 헌법상 법치국가원리 및 자의의 금지

2. 요 건

① 법령에 의한 주된 행정권한의 행사와 반대급부의 결부가 있어야 하고, ② 이들 사이에 실질적인 관련이 없어야 함 / 행정작용과 사인의 급부 사이에 인과관계인 원인적 관련성과 사인의 급부가 행정작용과 특정의 목적을 같이한다는 목적적 관련성 있어야 함

〔판 례〕 "주택사업계획승인을 하면서 그 사업과는 아무런 관련이 없는 토지를 기부채납하도록 부관을 위 주택사업계획승인에 붙인 것은 부당결부금지의 원칙에 위반되어 위법"(대판 1997.3.11. 96다49650 소유권이전등기말소 등)

9 신의성실의 원칙

<개 37, 연 423>
[행시 53회, 60회]

1. 의 의

법률관계의 당사자는 상대방의 이익을 배려하여 형평에 어긋나거나 신의를 저버리는 내용 또는 방법으로 권리를 행사하거나 의무를 이행하여서는 아니 된다는 원칙/ 행정절차법 4①, 국세기본법 15

2. 요 건

① 상대방의 신의의 존재, ② 정의관념상 용인될 수 없는 정도의 신의에 반하는 권리의무의 행사

3. 파생원칙

(1) 금반언의 법리

과거의 자기언동에 반한 행동으로 이를 신뢰한 상대방의 이익을 해지는 것

불허

(2) 실효의 법리

권리행사의 기회가 있음에도 장기간 행사하지 아니하여 상대방이 그 권리행사를 아니할 것으로 믿게 된 경우에 새삼스럽게 그 권리를 행사하는 것이 신의칙에 반하는 결과로 되어 그 권리행사를 불허하는 것

〔판례〕 "객관적으로 채권자가 권리행사를 할 수 없는 장애사유가 있는 등의 사정이 있어 채무이행의 거절을 인정함이 현저히 부당하거나 불공평하게 되는 등의 특별한 사정이 있는 경우에는 채무자가 소멸시효의 완성을 주장하는 것이 신의설실의 원칙에 반하여 허용될 수 없다."(대판 2014. 7.10. 2013두8332 재요양휴업급여청구부지급취소)

10 행정법의 시간적 효력 (불소급의 원칙)

<개 54, 연 34>

1. 진정소급효의 금지

이미 종료된 과거의 사실 또는 법률관계에 소급하여 새 법령의 효력을 미치게 하는 것을 말하며, 소급효가 인정되지 않음이 원칙임.

▷ 예 외 : ① 구법 존속에 대한 국민의 신뢰보호가치가 없거나 법률개정에 대한 예견가능성이 있는 경우, ② 소급입법이 당사자에게 유리하거나 손실이 없거나 아주 경미한 손실의 경우, ③ 구법 존속에 대한 신뢰보호의 요청에 우선하는 중대한 공익상의 이유가 있는 경우 등에는 소급효 인정.

2. 부진정소급효의 허용

이미 과거에 시작하였으나 아직 완성되지 아니하고 현재 진행 중인 사실 또는 법률관계의 효력을 미치게 하는 것으로, 소급효 인정이 원칙임. 다만, 국민의 신뢰보호를 위해 신구관계를 조정하는 경과규정을 부칙에 두는 것이 보통임

11 행정상 법률관계

<개 59, 연 16>

1. 공법과 사법의 구별

(1) 구별 필요성

절차법상 필요성(행정소송 등), 실체법상 필요성(적용법규 및 법원칙의 차이)

(2) 구별기준

(가) 명문규정이 있는 경우 : 행정상 강제집행, 행정벌, 행정구제 등의 경우는 공법관계

(나) 명문규정이 없는 경우 : 이익설, 주체설, 성질설, 생활설, 귀속설 등의 종합설에 따라 판단

2. 행정상 법률관계의 종류

(1) 공법관계

(가) 권력관계 : 국민에게 일방적으로 명령강제, 조세부과 등

(나) 관리관계 : 행정주체가 특정한 공공복리의 실현을 위해 비권력적으로 공적 재산이나 사업을 관리경영

(2) 사법관계(국고관계)

행정주체가 국고인 사인의 지위에서 재산권의 주체로서 경제적 활동을 내용으로 하는 법률관계. 사법의 적용을 받음

12 행정법관계의 당사자

<개 64, 연 381>

1. 의 의

행정법관계에서 권리·의무의 주체이며, 행정을 하는 자와 그 상대방를 말함

2. 행정주체

행정권의 담당자로서 실제로 행정권을 행사하고 그 법적 효과가 궁극적으로 귀속되는 당사자를 말함

(1) 국가

행정권을 원시적으로 행사하는 권리주체이며, 주무관청에 의해 대표됨

(2) 공공단체

(가) 지방자치단체 : 일정한 지역 및 주민으로 구성되며, 의결기관과 집행기관이 있다.

(나) 공공조합 : 특정한 국가목적을 위하여 설립된 인적 결합체에 법인격부여. 재개발조합·농법협동조합·변호사회 등

(다) 영조물법인 : 특정한 국가목적에 제공된 인적·물적 종합시설에 법인격 부여된 것. 한국조폐공사·한국방송공사·한국은행 등

(라) 공법상 재단 : 국가나 지방자치단체가 출연한 재산관리위해 설립. 한국연구재단 등

(3) 공무수탁사인

(가) 의의 : 법령에 의하여 공행정사무를 위탁받아 자신의 이름으로 처리할 수 있는 권한을 부여받은 사인을 말함 /공의무부담사인(사인의 신분으로 활동하며 공행정수행의무 부담, 석유비축의무를 지는 석유업자 등) 및 행정보조자(사법상 계약에 의거 행정청의 지시에 따라 활동, 자동차견인업자 등)와 구별

(나) 본질 : 임무위탁설, 기능위탁설, 법적 지위설→ 권한의 근거법령, 목적, 방법, 내용, 분쟁해결에 관한 특별규정의 존재여부 등 종합적으로 검토하여 판단

(다) 공무수탁사인과 공무위탁자의 관계

(a) 공무수탁사인의 권리의무 : 수탁공무를 자신의 명의와 책임으로 행함, 행정강제 등 특권부여

(b) 공무위탁의 법적 성질과 법률관계 : 공무위탁계약은 공법상 계약, 공무위탁 행정행위는 특허, 공법상 특별감독관계

(라) 공무수탁사인과 제3자의 관계

(a) 행정쟁송 : 공무수탁사인은 제3자에 대해 행정주체의 지위에 있으므로 피청구인·피고

(b) 국가배상 : 배상책임자에 대해, ① 행정주체인 공무수탁사인이 배상책임자라는 공무수탁사인설과 ② 공무수탁사인은 공무원이므로 그 업무위탁자가 배상책임자라는 국가·지방자치단체설이 대립되나 국가배상법 제2조 제1항에 따라 공무원으로 취급되어 그 귀속주체에 따라 국가 등이 배상책임자

(c) 손실보상 : 공익사업의 사업시행자인 경우에는 손실보상책임 부담

2. 행정객체

행정작용의 상대방, 사인이 원칙

13 행정법관계의 내용

<개 71, 연 16>

→ 공권과 공의무(국가적 공권·공의무

+ 개인적 공권 · 공의무)

1. 국가적 공권

국가 등 행정주체가 우월한 의사주체로서 상대방인 개인에 대해 가지는 권리

2. 개인적 공권

국가 등 행정주체에 대하여 상대방인 개인이 가지는 권리

3. 개인적 공권의 성립요소

→ O. Bühler 체계화 ⇢ 반사적 이익과 구별

(1) 강행법규의 존재

행정주체에게 일정한 행위의무를 발생시키는 강행법규 존재 / 재량권 있으면 불가, 재량권 수축되는 경우에는 인정

(2) 사익보호성

해당법규의 목적 · 취지가 관계인의 이익도 보호해야 함(제3자 보호규범), 단지 공익, 일반적 이익 보호 또는 법적 보호가 되지 않는 순수한 경제적 · 정치적 · 문화적 · 사실상 이익 보호로는 불충분

(3) 청구권능의 부여성

소송으로 관철할 의사력 · 법적 힘 부여해야 ⇠행정소송 개괄주의로 불요

4. 개인적 공권과 기본권의 관계

개인적 공권은 원칙적으로 관계법규를 기준으로 판단하나, 헌법상의 기본권을 공권성립으로 인정가능 여부에 대해, ① 기본권을 구체화하는 법률에 근거해서만 가능하다는 소극설과, ② 예외적으로 권리구제의 실효성을 위해 인정할 수 있다는 적극설 대립, ③ 판례는 개별적인 기본권에 따라 판단〔국민의 알권리에서 개별적 정보공개청구권 인정하나(대판 98두3426), 헌법상의 환경권만으로 환경영향평가대상지역 밖의 주민의 원고적격 부인(대판 2006두330)〕

5. 개인적 공권의 특수성

이전성의 제한(일신전속성으로 인해), 포기성의 제한(공익성으로 인해), 보호의 특수성, 시효제도의 특수성

6. 반사적 이익과 법률상 이익

반사적 이익이란 행정법규가 사회적 공동이익을 실현 · 보호함에 따라 관계 개인이 간접적 · 부수적으로 받게 되는 사실상의 이익을 말함. 공권과 달리 법적 보호 및 쟁송수단 불가

법률상 이익이란 행정쟁송을 제기할 수 있는 원고적격의 요건을 말하는바, 근거법령에 의해 보호되는 개별적 · 직접적 · 구체적 이익으로 전통적인 공권개념이 확대된 것을 나타냄(일부 반사적 이익 포함)

14 무하자재량행사청구권

<개 77, 연 25>

1. 의의 · 성질

이는 행정청에 대해 재량권의 하자 없는 행사를 청구할 수 있는 권리를 말함/ 실체적 권리와 별도로 결정의 내용적 한계를 지킬 것을 청구하는 형식적 권리

2. 인정여부

(1) 학 설

① 재량권의 한계를 벗어난 위법한 권익침해의 경우에 권리구제를 하면 되고 실체적 권리와 구분되는 형식적 권리를

인정할 실익이 없다는 부정설, ② 행정청은 의무에 합당한 재량을 행사할 의무를 부담하므로 국민은 이에 대응하여 하자 없는 재량행사를 청구할 수 있다는 긍정설이 대립됨

(2) 판 례

검사임용거부처분취소소송과 관련하여 인정함(대판 90누5825)(이설 있음)

(3) 검 토

재량영역에서도 사익보호성이 인정되는 등 일정한 요건을 갖춘 경우에는 인정함이 타당(긍정설)

3. 성립요건

공권성립요건이 충족되어야 하는바, ① 행정청에 재량권의 한계를 준수할 법적 의무가 존재하고, ② 재량권을 부여한 관계법규의 목적·취지가 적여도 개인의 이익도 보호하는 것(사익보호성)이어야 함

4. 행사방법

의무이행심판, 취소소송, 부작위위법확인소송

15 행정개입청구권

<개 79, 연 25> [사시 37회(1995), 입시 19회, 27회, 36회]

1. 의 의

행정청의 부작위로 권익을 침해당한 자가 해당 행정청에 제3자에 대한 행정권발동을 청구할 수 있는 권리를 말함

2. 인정여부

(1) 학 설

① 행정권발동의 여부는 행정청의 재량이고 행정권발동으로 인한 개인의 이익은 반사적 이익에 불과하다고 하는 부정설, ② 반사적 이익도 경우에 따라 보호이익화 되고 재량권에도 한계가 있어 그 재량권이 영으로 수축되는 경우에는 행정권발동의 의무를 진다고 하는 긍정설(다수설)이 대립됨

(2) 판 례

제3자에게 건축법상의 행정조치 청구를 부인한 바 있으나, 수인한도를 넘는 환경상 침해를 받은 주민의 환경오염유발처분의 취소·변경의 신청을 인정함(긍정설)

3. 성립요건

① 근거법규가 강행법규이거나 재량권의 수축에 따라 행정청의 개입의무가 발생하고, ② 관계법규가 공익뿐만 아니라 사익보호성이 인정되어야 한다. 다만, 민사적 구제가 가능하지 않다는 보충성의 원리가 적용됨

4. 행사방법

규제 내지 단속 등을 직접청구, 이에 불응한 경우에 의무이행심판, 부작위위법확인소송, 행정상 손해배상 청구 등 가능

16 특별행정법관계(특별권력관계)

<개 86, 연 34>[행시 46]

1. 의 의

특별한 법률원인에 의거하여 특정한 행정목적에 필요한 범위내에서 특정인에게 포괄적 지배권이 부여되고 그 상대

방은 이에 복종함을 내용으로 하는 법률관계를 말함

2. 성 질

일반권력관계와 구별에 대해, 긍정설(절대적, 상대적 구별설, 수정설)과 부정설(일반적·형식적, 개별적·실질적 부정설, 기능적 재구성설)(다수설)의 대립

3. 종 류

① 공법상 근무관계, ② 공법상 영조물 이용관계, ③ 공법상 특별감독관계, ④ 공사단관계

4. 특별권력 발동형태

명령권과 징계권

5. 법치주의

오늘날 실질적 법치주의 하에서는 전통적인 특별권력관계의 개념은 그 본래의 의의를 상실했다고 볼 것이나, 그 목적·기능을 성취하기 위해 법치주의 적용의 강도 완화됨. 따라서 ① 법률유보 적용 필요, ② 기본권제한은 법률유보원칙 하에 비례원칙의 요건 하에 허용되며, ③ 헌법상의 재판청구권 및 행정소송의 개괄주의로 사법심사 인정

17 공법상 부당이득

<개 96, 연 39>

1. 의의 및 성질

법률상 원인 없이 타인의 재산 또는 노무로 인하여 이득을 얻고 이로 인해 타인에게 손해를 끼치는 것을 말함

2. 공법상 부당이득반환청구권의 성질

(1) 학 설

① 부당이득은 경제적 이해조절 문제이므로 사권이라는 **사권설**과, ② 공법상 원인에 의해 발생한 결과를 조정하기 위한 제도이므로 공권이라는 **공권설**(다수설)이 대립됨.

(2) 판 례

과오납부액의 환급청구는 사권설을 취하여 민사소송의 형태라고 하면서(대판 2015.8.27. 2013다212639 등), 부가가치세환급청구는 최근 공권설로 판례변경을 하였다(대판 2013.3.21. 2011다95564).

3. 행정주체의 부당이득 [사시 57회, 58회, 행시 58회, 입시 26회]

(1) 성립요건

① 행정행위에 의한 경우에는 해당 행정행위의 무효, 취소나 철회된 경우에 성립함. 따라서 취소되기 전에는 공정력으로 부당이득이 아니며, 출소기간 경과된 후에는 반환청구 불가. ② 행정행위에 기하지 아니한 경우에는 민사소송으로 청구 가능

(2) 반환범위

전액반환, 국세기본법은 조세과오납금에 이자도 포함

(3) 반환청구권 행사

(가) 행정절차의 방법 : 국세기본법 45조의2,

(나) 부당이득반환청구소송 : 다수설은 공법상 당사자소송설이나, 판례는 민사소송설(부가가치세환급은 제외). 다만, 취소사유인 경우 취소소송 또는 무효등확인소송과 병합제기 해야

4. 사인의 부당이득

봉급과액수령, 착오로 사유지의 국공유지 편입 등. 반환청구 불이행의 경우 행정상 강제징수 인정되는 경우 이외에는 대등자간의 반환의사표시로서의 효력발생

18 사인의 공법행위

<개 100, 연 43>

1. 의 의

사인의 공법상의 행위로서 공법적 효과를 발생하는 행위를 말함

2. 종 류

(1) 사인의 지위에 따라 행정주체의 기관으로서의 행위와 행정객체의 지위에서의 행위로 나눌 수 있고, (2) 행위의 효과에 따라, ① 그 행위자체로서 법률효과를 완결하는 자기완결적 공법행위와, ② 행정주체의 공법행위의 동기 또는 요건이 되는데 그치고 그 자체로서 법률효과를 완성하지 못하는 행위요건적 공법행위로 나눌 수 있음.

(3) 권력성유무에 따라 권력행위와 비권력행위로, (4) 당사자 수에 따라 단독행위와 쌍방행위로, (5) 의사표시의 수에 따라 단순행위(1인의 의사표시로 성립)와 합성행위(다수인의 공동의사표시로 1개의 의사구성)로 나눌 수 있음

3. 특 색

행정행위와 같이 공법적 효과발생을 목적으로 하나 공정력 등의 효력이 인정되지 아니하며, 사인의 사법행위와 같이 비권력적 행위이나 사적 자치원칙이 적용되지 않고 그 내용과 형식이 획일적인 정형화가 요구됨

4. 사인의 공법행위의 하자와 행정행위와의 관계

(1) 사인의 공법행위가 행정행위의 전제요건이 아닌 경우

별개이므로 아무런 영향 없음

(2) 사인의 공법행위가 행정행위의 전제요건인 경우

(가) 사인의 공법행위가 당연무효 또는 부존재인 경우 : 행정행위는 무효

(나) 사인의 공법행위가 단순위법인 경우

(a) 학설 : ① 법적 안정성의 견지에서 원칙적으로 유효하다고 보는 유효설(다수설), ② 취소사유로 되어 이에 따른 행정행위를 취소할 수 있다는 취소설이 대립됨

(b) 판례 : 사직의 권고·종용에 불과한 경우의 사직서제출에 의한 의원면직처분은 유효하다고 하여 유효설을 취함 (대판 1997.12.12. 97누13962)

(c) 검토 : 무효사유이면 이에 기한 행정행위는 무효이나, 단순위법이면 유효가 타당(유효설)

19 신청과 신고의 차이

<개 113> [사시 54회]

	신 청	신 고
의의	행정청에 일정한 행위를 요구하는 행위	행정청에 일정한 사항을 알리는 행위
성질	행위요건적 공법행위	자기완결적 공법행위
요건	신청권, 형식적·실체적 요건 필요	형식적 요건 필요

효과	형식적·실체적 심사 거쳐 수리여부결정, 신고필증은 법적 효과 발생	적법한 신고여부로 효력발생·불발생, 신고필증은 신고사실의 확인행위에 불과
권리구제	거부·무응답 등 처분성인정, 쟁송대상	처분성부인이 원칙, 신고반려로 법적 지위 불안의 경우 처분성 인정(판례변경)

20 신고반려처분의 처분성 여부

<개 107, 연 43> [행시 55회, 법행 34회]

1. 학 설

① 신고의 수리는 단순한 접수행위로 법적 효과 발생하지 않는 사실행위이므로 그 수리거부도 처분이라 할 수 없다는 부정설, ② 신고거부로 신고인이 불이익을 받을 위험 등 법적 지위가 불안정하게 될 경우에는 처분성 인정하는 제한적 긍정설(다수설)이 대립됨

2. 판 례

종래 건축신고의 처분성을 부인하였으나(대판 2000.9.5. 99두8800 등), 최근 건축신고의 반려로 건축행위가 시정명령·이행강제금·벌금의 대상이 되는 등 신고인이 불안정한 지위에 놓이게 되어 처분성 인정된다는 제한적 긍정설로 판례 변경함(대판 2010.11.18. 2008두167).

3. 검 토

제한적 긍정설이 타당

21 자기완결적 신고와 행위요건적 신고

<개 108, 연 43> [사시 59]

1. 의 의

자기완결적 신고는 특정의 사실관계 또는 법률관계의 존부에 관하여 행정청에 알림으로써 법률상 의무가 이행되는 신고를 말함(전형적 신고로 행정절차법 제40조에 규정, 수리를 요하지 않는 신고). 이에 대해 행위요건적 신고는 행정청이 통지된 일정한 사항을 수리함으로써 법적 효과가 발생하는 신고(수리를 요하는 신고)를 말함.

2. 구별기준

① 수리규정 여부, ② 법적 효과 발생시점(접수시냐·수리시냐의 여부), ③ 실체적 요건심사 포함여부, ④ 근거법률에 신고와 허가의 병렬적 규정여부, ⑤ 신고내용의 법적 성질(보고적 내지 명령적 금지해제냐, 형성적 내용이냐), ⑥ 구별이 어려우면 신고로 봄

22 인허가의제를 수반하는 신고의 법적 성질

<개 111, 연 43>

1 학 설

① 신고사항이더라도 의제되는 인허가사항은 별도의 심사를 거쳐 수리가 있어야 한다는 수리를 요한다는 긍정설, ② 형식적 요건을 갖춘 신고로 의제사항 모두에 효력이 생긴다는 수리를 요하지 않는다는 부정설, ③ 신고는 수리를 요하지 아니하나 의제되는 인허가는 수리를 요한다는 제한적 긍정설, ④ 의제되는 인허가사항이 신고사항이면 수리를 요하지 아니하나 허가사항이면 수리를 요한다는 개별적 검토설 등이

대립됨

2. 판 례

종래 부정설에서, 의제되는 개발행위 허가를 수반하는 건축신고의 경우 허가를 요한다고 하여 개별적 검토설로 판례변경을 함(대판 2011.1.20. 2010두14954 건축신고불가취소)

3. 검 토

의제되는 인허가사항이 신고사항이면 수리를 요하지 않고, 허가사항이면 수리를 요하는 신고로 봄이 타당(개별적 검토설).

23 지위승계신고

<개 112, 연 98>

1. 의 의

영업의 양도나 사망 또는 법인의 합병의 경우 그 양수인·상속인 또는 합병후 존속하는 법인이나 합병에 의하여 설립되는 법인은 그 지위승계를 신고하도록 법정한 경우를 말함

2. 법적 성질 [사시 57회, 행시 53회]

(1) 학 설

① 법령에서 정한 승계사유의 발생으로 당연히 승계된다는 **수리불요설**(부정설), ② 전·후의 영업자의 법률상 지위변동을 가져오므로 수리를 요한다는 **수리필요설**(긍정설), ③ 신고의 대상이 되는 영업 등이 수리를 요하는 영업인지의 여부에 따라 판단해야 한다는 **제한적 긍정설**, ④ 개별법에 특별한 규정이 없으면 행정절차법 제10조에 따라 사망·회사합병의 경우에는 수리를 요하지 않으나 양도양수의 경우에는 수리를 요한다는 **개별적 검토설** 등이 대립

(2) 판 례

허가영업의 경우 지위승계신고의 수리를 행정행위라고 하여 수리필요설을 취함

(3) 검 토

행정절차법상 사망 또는 법인의 합병의 경우에는 상속인 또는 합병후 법인이 지위승계를 하므로(동법 10①②) 수리를 요하지 않고, 양도양수의 경우에는 양수인은 행정청의 승인을 받아 지위를 승계하므로(동조④) 수리를 요한다. 따라서 개별법에 이와 달리 특별한 규정을 두고 있지 않고 일신전속적이 아닌 경우에는 사망이나 법인의 합병의 경우에는 부정설이, 양도양수의 경우에는 긍정설이 타당(개별적 검토설)

3. 불 복

양도인(종전 영업자) 등 이해관계인이 양수인 등의 부정신고로 인한 지위승계에 다툼이 있는 경우

(1) 학 설

① 수리를 요하는 신고로 보는 입장에서 수리처분을 다투어야 한다는 **수리처분항고쟁송설**과, ② 수리를 요하지 않는 경우는 물론 수리를 요하는 경우에도 양도양수의 지위승계여부라는 사법상의 법률관계를 다투는 것이라는 **민사소송설**이 대립

(2) 판 례

수리요하는 경우 항고쟁송설을 취함(대판 2012.12.13. 2011두29144 유원시설업허가처분등취소)

(3) 검 토

수리를 요하지 않는 경우는 민사소송, 수리를 요하는 경우는 항고쟁송이 타당

24 법규명령의 의의와 종류

<개 118>

1. 의 의

행정권이 정립하는 일반적·추상적 규정으로서 국민과 행정권을 구속하고 재판규범이 되는 법규범을 말함

2. 종 류

① 수권의 범위·근거에 따라 비상명령, 법률대위명령, 법률종속명령인 집행명령과 위임명령, ② 법형식에 따라 대통령령(시행령), 총리령·부령(시행규칙), 중앙선거관리위원회규칙, 감사원규칙(수권법률에 근거하더라도 헌법이 인정한 법형식 아니라는 행정규칙설과 헌법상의 법형식은 예시규정이라는 법규명령설 대립)

25 법규(위임)명령의 한계와 하자

<개 122, 연 54, 74, 83>
[행시 51회]

1. 위임명령의 한계

(1) 위임규정상의 한계

(가) 법률유보의 원칙 : 법률에 의한 수권과 수권취지에 적합해야 함

(나) 포괄적 위임의 금지 : 구체적으로 범위를 정하여 위임해야 되고 포괄적으로 위임해서는 아니된다는 원칙, 즉, ① 위임의 한정성(구체적 범위를 정한 개별적 위임), ② 위임의 구체성·명확성·예측가능성, ③ 조례와 공법적 단체 정관은 예외

(다) 국회전속적 법률사항의 위임금지 : 국적취득요건(헌법2①) 등 헌법에서 국회의 전속적 법률사항으로 규정한 사항은 위임할 수 없음

(라) 재위임 : 전면적 재위임은 금지되나, 법률에서 위임된 사항 중 일부에 대해서만 위임하거나, 위임된 사항에 관한 일반적 기준을 정한 다음 그의 세부적 사항의 재위임은 가능

(마) 처벌규정의 위임 : 헌법상의 죄형법정주의와 적법절차 및 기본권존중에서 그 요건과 범위를 엄격히 제한하여 적용(형벌규정은 제한되나 과태료를 가능)

(2) 수임규정상의 한계

(가) 위임의 취지·목적에 부합해야 함

(나) 위임의 범위 및 방법에 따라 규정해야 함

2. 법규명령의 하자

(1) 소급효 여부

(가) 원칙적 소급효 부정 : 법규명령의 위헌·위법심사권은 모든 법원, 대법원이 최종 심사권(헌법 107②). 법적 안정성 및 신뢰보호 차원에서 당해 사건 외에는 소급효 부정이 원칙

(나) 소급효 인정되는 경우 : ① 위법결정 전에 해당 조항이 재판의 전제가 되어 법원에 계속 중인 사건, ② 위법결정 후 위와 같은 이유로 제소기간 내에 제소된 일반 사건

(2) 하자 있는 법규명령의 효력

(가) 학설 : ① 취소소송의 대상이 되지 않고 공정력 부인된다는 **무효설**, ② 중대명백한 경우에만 무효라는 **한정무효설**, ③ 해당 사건에 적용 거부될 뿐이

라는 유효설이 대립.

(나) 판례 : 판례는 "시행령으로 법률에 의한 위임 없이 법률이 규정한 개인의 권리·의무에 관한 내용을 변경·보충하거나 법률에 규정되지 아니한 새로운 내용을 규정할 수 없으므로, 사립학교교원연금법 시행령 제66조 제2항은 법률의 위임이 없는 무효인 규정"이고 하여 무효설을 취함(대판 1995.1.24. 93다37342).

(다) 검토 : 하자 있는 법규명령은 공정력이 인정되는 행정행위와 달리 무효와 취소의 중간 단계는 존재하지 않는다고 할 것이므로 무효라고 봄이 타당(무효설)

(2) 하자있는 법규명령에 근거한 처분의 효력

법규명령의 하자가 중대・명백하면(위헌・위법판결) 무효/ 명백성 결여인 경우(위헌・위법판결 전) 취소사유/ 법규명령으로서는 하자 있으나 행정규칙으로서의 성질 가지면 관계법령을 기준으로 판단해야

26 법규명령에 대한 사법적 통제

<개 132, 연 54> [행시 51회]

1. 간접적 통제(구체적 규범통제)

(1) 의 의

구체적 사건에 관한 재판의 전제가 되는 경우에 선결문제로서 해당 법규명령의 위헌・위법여부를 법원이 심사

(2) 주 체

모든 심급의 법원, 대법원이 최종심

(3) 대 상

명령(법규명령), 규칙(국회규칙, 대법원규칙 등), 조례・규칙, 법규적 성질의 행정규칙

(4) 요 건

위헌・위법여부가 해당 사건의 심판을 위한 선결문제로 된 경우

(5) 효 력

① 해당사건에의 적용배제, ② 위임명령에 의한 처분의 효력(위법판결 후는 무효, 판결전은 취소사유), ③ 대세효의 인정(대법원이 행정안전부장관에게 통보, 지체 없이 관보에 게재), ④ 소급효부인

2. 직접적 통제

→ 법규명령 자체가 직접 소송 대상(집행행위 매개 없이 직접 개인의 권리 침해하는 경우)

(1) 처분적 명령

(가) 의의 : 집행행위 매개 없이 직접 개인의 권리・의무 발생하는 법규명령

(나) 소송유형 : ① 위법한 명령은 무효라는 무효확인소송설, ② 처분적 명령의 처분성으로 취소소송설, ③ 판례는 경기도 가평군 두밀분교폐지조례의 처분성을 인정하여 무효확인소송 인정(대판 1996.9.20. 95누8003), ④ 검토: 처분적 명령의 처분성 인정으로 하자의 정도에 따른 항고소송을 인정함이 타당

(다) 불복제기기간 : 공포일기준설, 권리침해시설(다수설)

(2) 집행적 법규명령

(가) 의의 : 집행행위 매개 없이 국민의 권리의무를 규율하는 일정범위의 개별적・구체적 규율

(나) 항고소송 대상 여부

(a) 학설 : ① 규범통제대상(헌법소원)으로 해야 한다는 소극설(협의설), ②

항고소송의 대상으로 인정하는 적극설로 나뉨.

(b) 판례 : 판례는 "약제급여·비급여목록 및 급여상한금액표(보건복지부고시)는 다른 집행행위의 매개 없이 그 자체로 국민건강보험가입자, 국민건강보험공단, 요양기관 등의 법률관계를 직접 규율하여 항고소송의 대상이 되는 행정처분에 해당한다."고 하여 적극설을 취함(대판 2006. 9.22. 2005두2506 보험약가인하처분취소).

(c) 검토 : 처분적 명령과 규율의 개별성·구체성의 양적 차이에 불과하므로 처분성을 인정함이 타당(적극설)

3. 헌법재판소에 의한 통제

적극설, 소극설, 판례(법무사법시행규칙에 대한 헌법소원 인정)

4. 행정입법부작위에 대한 통제

법령이 명시적으로 행정입법을 위임하고 있음에도 입법부작위로 있는 경우(진정입법부작위)→ 대법원(부인), 헌법재판소(긍정), 국가배상 가능(대법원)

5. 행정적 통제

행정감독권에 의한, 절차적 통제(입법예고제등), 행정심판에 의한 통제(불가)

행정규칙의 종류

<개 142>

1. 행정규칙의 의의

행정기관이 행정조직내부 또는 특별행정법관계 내부에서의 조직이나 활동을 규율하기 위하여 법률의 수권 없이 발하는 일반적·추상적 규정을 말함

2. 법규명령과 구별

(1) 학 설

① 규정형식상 헌법이 예정한 법형식(대통령령·총리령·부령) 여부에 따라 구별하는 형식적기준설, ② 대외적 구속력에 의해 재판규범성을 갖는지(법규성)의 여부에 따라 구별하는 실질적기준설, ③ 법령의 수권여부에 따라 구별하는 수권여부기준설이 대립함

(2) 판 례

대통령령은 법규로 보나, 부령·규칙 등은 법령의 수권여부에 따라 구별하여 형식적 기준설에 수권여부기준설을 보충한 것으로 볼 수 있음

(3) 검 토

국회입법의 원칙과 법적 안정성의 측면에서 헌법이 예정한 법형식에 따라 구별하는 형식적 기준설을 원칙으로 하되, 예외적으로 법령의 수권을 받은 경우에는 법규로 봄(수권여부기준설)이 타당

3. 내용에 의한 구분

(1) 조직규칙

행정권내부에서의 기관의 설치·조직·내부적 권한분배·사무처리절차

(2) 규범해석규칙

법령의 통일적 해석·적용을 위하여 정한 규칙 /통일성·공평성·예측가능성 제고, 고도의 과학기술적 내용의 불확정개념은 사실상 외부효

(3) 재량준칙

(가) 의의 : 행정청의 법령집행과 관련하여 허용된 재량권의 일반적 행사기준을 정한 규칙을 말함 / 행정의 일관성·형평성 확보, 자의적 재량권행사 방

지, 예측가능성 확보, 공무원 사무처리 부담경감의 기능을 함. 법률의 재량수권의 취지에 반할 우려도 있음

(나) 종류 : 행정규칙형식 이외에 대통령령형식 및 부령형식의 재량준칙 있음

(다) 효력(대외적 구속력 여부)

(a) 학설 : ① 행정조직내부의 재량권 행사기준이므로 대외적 구속력은 없다는 부정설, ② 재량준칙의 법형식에 따라 판단하는 형식설, ③ 헌법상 평등원칙을 매개로 대외적 구속력을 가진다는 평등원칙설, ④ 장기간 계속된 행정관행이 성립된 경우에는 행정의 자기구속의 법리에 의해 간접적으로 대외적 구속력을 가진다는 자기구속설 등이 대립됨

(b) 판례 : 행정규칙인 재량준칙의 대외적 구속력을 부인하나(대판 1998.3.27. 97누20236 자동차운전면허취소처분취소 등), 행정관행이 이루어진 경우에는 자기구속을 당하게 된다고 함(대판 2013.11.14. 2011두28783 과징금감경결정취소청구)

(c) 검토 : 행정규칙형식의 경우는 대외적 구속력 없다고 할 것이나, 다만 행정실무가 형성된 경우에는 행정의 자기구속법리에 의해 사실상 외부효를 인정함이 타당

(4) 법률대체적 규칙

법적 규율이 필요한 부분에 법령이 없거나 법령이 있어도 지나치게 일반적이어서 그것을 보충 내지 구체화하는 규칙을 말함

● 규범구체화규칙→ 법령에서 행정기관에게 행정사무처리기준을 구체적으로 규정할 것을 위임한 경우(독일 연방행정법원의 Wyhl판결→ 연방내무부장관의 지침인 '방사선피폭에 관한 일반적 산정기준'), 법규성 인정여부(긍정설, 부정설 대립)

(5) 특별명령

특별권력관계내부에서의 권력복종자의 지위・이용관계 규율하여 인격주체를 대상으로 하므로 법규성 인정

4. 형식에 의한 구분

'행정효율 및 협업촉진에 관한 규정' 제4조에 따라, 훈령, 지시, 예규, 일일명령, 고시 등

28 법규명령형식의 행정규칙 (재량준칙)

<개 149, 연 61,91,466,518>
[행시42,49,50,57, 입시31, 변시3,4]

1. 의의, 유형

법규명령형식으로 제정되었으나 행정규칙의 성질을 지닌 것을 말함 / 식품위생법시행규칙 제89조에 따른 〔별표 23〕(행정처분기준) 등 대통령령 또는 부령 등으로 정한 처분기준 등

2. 성 질

(1) 학 설

① 법규명령으로 정해지면 법적 안정성 측면에서 법규성을 인정해야 한다는 **법규명령설**, ② 실질적 내용이 행정조직 내부에서만 효력을 갖는 것이 명백하면 행정규칙으로 보아야 한다는 **행정규칙설**, ③ 모법에 수권을 받은 경우에는 모법의 위임규정과 결합하여 법규성이 인정된다는 **수권여부기준설** 등 견해가 나뉨

(2) 판 례

① **대통령령형식**으로 제정된 경우는 법규로 보나("당해 처분의 기준이 된 주택건설촉진법시행령 제10조의3 제1항 [별표1]은 주택건설촉진법 제7조 제2항의 위임규정에 터잡은 규정형식상 대통령령이므로 대외적 구속력이 있는 법규명령에 해당한다." 대판 1997.12.26. 97누15418), ② **부령형식**의 제재처분기준의 재량준칙은 법규성을 부인한다("도로교통법시행규칙 제53조 제1항 [별표16]의 운전면허행정처분기준은 행정청 내부의 사무처리준칙을 규정한 것에 불과해 대외적 구속력은 없다." 대판 1991.6.11. 91누2083). ③ 다만, 최근에 법률의 수권을 받은 경우에는 법규성 인정하는 판례 나오고 있음("구여객자동차운수사업법시행규칙 제31조 제2항 제1호, 제2호, 제6호는 구여객자동차운수사업법 제11조 제4항의 위임에 따라 사업계획변경에 관한 절차, 인가기준 등을 구체적으로 규정한 것으로 대외적 구속력이 있는 법규명령이라 할 것이다." 대판 2006.6.27. 2003두4355)

(3) 검 토

법적 안정성의 측면에서 그 법형식을 존중하여 법규성을 인정함이 타당함. 다만, 법률의 수권결여 등 그 위임한계를 벗어나면 위법·무효라 할 것이며, 새로운 법규사항이 아니고 법률의 내용·취지에 반하지 아니하는 범위에서 법률을 구체화하기 위한 사무처리기준은 행정규칙으로 볼 것임

29 법령보충적 행정규칙 (법규적 내용을 가진 행정규칙)

<개 152, 연 74,83> [행시 52회,54회, 변시 3회, 법행 34]

1. 의 의

법령보충적 행정규칙이란 법령의 위임에 의해 법령을 보충하는 법규사항을 행정규칙형식으로 정한 것을 말함. 이를 포함해 행정규칙 형식이나 그 내용은 외부적구속력 있는 법규명령으로서의 효력을 가지는 것을 법규적 내용을 가진 행정규칙이라 한다.

2. 법적 성질

(1) 학 설

① 법의 내용을 보충함으로써 개인에게 직접적인 영향을 미치는 법규로 보는 **실질설**, ② 헌법이 예정한 법형식이 아니므로 행정규칙이라는 **형식설**, ③ 상위규범을 구체화하는 내용이므로 법규성을 긍정해야 한다는 **규범구체화행정규칙설**, ④ 헌법에서 법규명령으로 규정한 법형식이 아니므로 헌법에 위배되어 무효라는 **위헌·무효설**, ⑤ 법령의 수권에 의한 것이라면 법규명령으로 보아야 한다는 **수권여부기준설** 등 견해가 나뉨

(2) 판 례

법령이 그 구체적 내용을 보충할 권한을 부여한 경우 그 위임한계를 벗어나지 아니하는 한 그 법령과 결합하여 대외적 구속력을 가지는 법규적 효력을 가진다고 함(대판 2012.2.9. 2011두24101 등)

(3) 검 토

헌법에서 명시한 법규형식이 아니므로 원칙적으로 행정규칙으로 보아야 하나, 행정의 탄력적 대응을 위해 예외적으로 그 위임의 범위에서 법규성 인정함이 타당

3. 한 계

법규성이 인정되는 한 국회입법원칙·법치국가원리에서 예외적이므로 엄격해석 필요, 즉 ① 위임범위를 벗어나지 말아야 하며, ② 포괄적위임금지의 원칙에 반하지 아니하고, ③ 위임의 취지·내용·절차·형식 등 위임범위를 벗어나지 말아야 하며, ④ 전문·기술적 사항이나 경미한 사항으로서 성질상 위임이 불가피한 사항이어야 함

30 행정규칙의 사법적 통제

<개 160>

1. 구체적 규범통제 여부

법원의 명령·규칙심사권(헌법 107②)에 행정규칙은 포함되지 않음. 다만, 법령보충적 행정규칙 등 법규성이 인정되는 행정규칙은 선결문제로 다투어질 수 있음

2. 항고소송에 의한 통제

행정규칙은 소의 대상이 아니고, 위법한 행정규칙에 의한 행정처분에 대해서만 항고소송 제기 가능. 다만, 처분성이 인정될 수 있는 처분적 행정규칙은 항고소송의 대상이 될 수 있음

3. 행정규칙에 위반한 행정행위의 통제

행정규칙은 법규가 아니므로 이에 반하는 행정처분이라 하더라도 위법이 아니므로 소의 대상이 아님. 다만, 행정규칙 위반이 평등원칙위반 등 재량권의 한계 일탈문제가 발생하면 해당 행정처분을 다투는 소제기 가능

31 행정행위의 개념

<개 164>

1. 행정행위의 개념

행정주체가 법아래서 구체적 사실에 관한 법집행으로서 행하는 권력적 단독행위인 공법행위를 말함

2. 형식적 행정행위와 쟁송법상 처분개념

(1) 배 경

오늘날 행정기능의 확대와 행위형식의 다양화에 따르는 행정구제의 중요성에서 그 대상확대를 위해 종래의 행정행위개념의 일원설에서 벗어나 실체법상 행정행위개념과 별도로 쟁송제기 대상으로서의 행정행위개념을 재구축하려는 이원설이 등장함

(2) 형식적 행정행위설

비권력행위이지만 사인의 법익에 계속적으로 사실상 지배력을 미치는 행위 또는 행정행위에 준하여 국민생활을 일방적으로 규율하는 것으로 그 구제수단이 없는 경우에 처분성을 인정하여 항고소송의 대상으로 하자는 입장

(3) 쟁송법상 처분개념

실체법상 행정행위개념과 별도로 두고 있는 쟁송법상의 처분개념을 말함. 행정심판법 및 행정소송법은 처분을 "행정청이 행하는 구체적 사실에 관한 법집행으로서의 공권력의 행사 또는 그 거부와 그 밖에 이에 준하는 행정작용"으로 규정함(권력적 사실행위 등 포함).

32 행정행위의 종류

<개 168>

1. 법률행위적 행정행위와 준법률행위적 행정행위, 수익적 행정행위와 부담적 행정행위, 쌍방적 행정행위와 일방적 행정행위, 대인적 행정행위와 대물적 행정행위 및 혼합적 행정행위, 적극적 행정행위와 소극적 행정행위

2. 복효적 행정행위

하나의 행정행위로 2인 이상의 관계자를 가지며, 그 중 어느 일방에게는 이익을 주는 반면 다른 일방에게는 불이익을 주는 행정행위(수익적 행정행위와 부담적 행정행위의 효과가 동시에 발생). 복효적 행정행위의 이해관계자에게 신청·고지·청문, 원고적격 등 인정

3. 가행정행위 <연 83>[5급 18년]

행정행위의 법적 효과 또는 구속력이 최종적으로 결정될 때까지 잠정적으로만 행정행위로서의 구속력 가지는 행위를 말함. 명문규정 없는 경우 그 허용여부에 대해 소극설과 적극설 대립, 행정행위로서 효력 발생하여 항고쟁송 가능

4. 사전승인(예비결정, 사건결정)<연 279>[입시 18년]

다단계행정과정에서 최종적인 행정행위의 전제요건이 되는 형식적 또는 실질적 요건의 심사에 대한 판단으로서 내려지는 결정을 말함(원자로건설의 부지사전승인 등). 후행결정에 대한 구속력 가짐, 처분성 인정(최종 결정 있으면 이에 흡수)(적정통보: 사시44, 변시2)

5. 부분승인

다단계적 행정에서 특정한 일부분에 대해서만 결정하는 행위를 말함. 처분성 인정됨

33 기속행위와 재량행위

<개 176, 연 91>[입시 33, 법행 35]

1. 의 의

기속행위란 법규가 어떤 요건 아래 어떤 행위를 할 것인지 의문의 여지없이 일의적·확정적으로 규정하여 법규대로 단순히 기계적으로 집행하는데 그치는 행위를 말하며, **재량행위**란 법규가 행정청에게 그 요건의 판단 또는 행위(효과)의 결정에 다수의 가능성 가운데 선택의 여지를 부여하고 있는 경우를 말함

▷ 재량행위에는, ① 법규에서 허용한 행위를 할 것인지의 여부를 결정할 권한을 부여한 **결정재량**과, ② 법규에서 행정목적 실현을 위해 허용한 대상과 수단 중에서 어느 것을 선택할 것인지를 맡긴 **선택재량**이 있다.

2. 구별에 관한 학설·판례

(1) 학 설

① 재량을 행정행위의 요건에 대한 사실인정과 인정사실의 요건해당여부의 판단으로 보아 요건의 공백규정이나 불확정개념의 경우는 재량으로 보는 **요건재량설**, ② 재량을 법률효과(행위) 발생의 선택으로 보고 불이익적 행위는 기속으로 수익적 행위는 재량으로 보는 **효과재량설**, ③ 행정행위의 요건이 불

확정개념인 경우 그 판단에 행정청의 판단의 여지가 인정된다는 **판단여지설**, ④ 근거법령의 규정형식과 그 취지·목적 및 행정행위의 성질, 기본권과의 관련성 등을 종합적으로 고려하여 구체적 사안마다 개별적으로 판단해야 한다는 **종합설**(개별적 검토설) 등이 대립됨

(2) 판 례

해당 처분의 근거규정의 형식·체제·문언과 주된 목적 및 해당 행위의 성질 등을 모두 고려하여 개별적으로 판단해야 한다고 봄(대판 2002.8.23. 2002두820 등)

(3) 검 토

다수설 및 판례의 입장인 종합설이 타당

3. 구별기준

종합설에 따라, ① 관계 행정법규의 문리적 해석(형식·체제·문언), ② 행위의 성질 및 근거법령의 취지·목적을 합리적으로 해석하여 판단(예컨대, 법규가 "해야 한다" "할 수 없다"고 규정하였으면 기속행위, "할 수 있다"고 규정하였으면 재량행위)

34 재량권의 일탈·남용

<개 184, 연 91,206,601> [행시 48,49,54, 57,60회, 5급 18년, 입시 29회, 변시 3회,5회]

1. 재량하자

재량행위도 재량규범의 범위 내에서 기속되는 일정한 외적·내적 한계 있으며, 이러한 한계를 벗어난 행위는 재량하자로 위법을 구성하여 법원의 법적 판단의 대상이 됨. 재량하자에는 재량권의 일탈·남용과 불행사·해태가 있음

2. 재량권의 일탈·남용의 사유 (사·목·평·비·부·고)

(1) 사실오인

법정요건 해당 사실의 부존재나 요건사실 인정의 불합리

(2) 목적위반·동기부정

법의 목적·취지와 다르거나 자의적 또는 개인적 감정 등에 의한 재량권행사

(3) 평등원칙위반

합리적 이유 없는 자의적 차별취급

(4) 비례원칙위반

부적당·불필요한 처분, 이익형량을 전혀 하지 아니하였거나 정당성·객관성을 결여한 경우 등 현저히 비례관계를 잃은 재량권행사

(5) 부당결부금지원칙 위반 등

재량처분과 실질적인 관련이 없는 반대급부와 결부시켜서는 아니 됨. 그 밖에 행정법의 일반원칙 위반

(6) 고려요소의 흠결

고려할 사항을 고려하지 아니하였거나 특정사항을 과다하게 평가한 경우

(7) 재량권의 불행사 또는 해태

정당한 이유 없이 구체적 사안에 행정권의 발동여부를 심사하지 않거나 부당하게 지연시킨 경우

35 불확정개념과 판단여지

<개 189>[행시 48회]

1. 불확정 개념

행정청에게 선택의 여지가 있는 추상적·다의적 개념을 법률이 행정행위의 요

건으로 하고 있는 경우를 말함

2. 판단여지의 의의

행정행위의 요건판단에서 행정기관의 판단이 종국적인 것이 되며 그 한도에서 법원의 심사권이 제한받게 되는 것을 말함

3 판단여지와 재량의 구별

① 재량은 입법자에 의해 부여된 법률효과의 선택의 문제이나 판단여지는 법원의 인정에 의한 것으로 법률요건의 인식의 문제라는 **구별긍정설**과, ② 사법심사의 배제라는 점에서 동일하므로 구별실익이 없다는 **구별부정설**이 대립됨, ③ 판례는 구별부정설을 취함

4. 판단여지의 인정영역

사람의 인격·적성·능력 등에 관한 비대체적 결정, 전문합의제기관의 구속적·가치평가적 결정, 행정정책적 요소가 포함된 불확정개념

5. 판단여지의 한계

① 절차상의 하자, ② 잘못된 사실에 근거한 판단, ③ 자의의 개입, ④ 일반적 판단지침 무시, ⑤ 비례평등원칙 위반

36 명령적 행위와 형성적 행위

<개 192>

1. 의의·효과

명령적 행위는 개인에게 특정한 의무를 부과하거나 이를 해제하는 행위를 말하며, 이를 위반하면 행정강제나 행정벌의 대상이 될 뿐 행위의 법률상 효력에는 영향이 없다(하명, 허가, 면제). **형성적 행위**는 특정의 상대방에게 권리·능력 또는 포괄적 법률관계 그 밖에 법률상의 힘을 발생·변경·소멸시키는 행정행위를 말함(특허, 인가, 대리).

2. 하 명

개인의 자유를 제한하고 작위·부작위·급부·수인의 의무를 과하는 행정행위를 말함. 기속행위임이 원칙

3. 허 가 [사시55회(개발행위허가)]

(1) 의 의

일반적·상대적 금지를 특정한 경우에 해제하여 적법하게 일정한 행위를 할 수 있게 하는 행정행위를 말함.

(2) 성 질

원칙적으로 명령적 행위이나 형성적 행위의 성질을 갖는 경우도 있음(양면성). 허가요건에 해당하면 허가해야 하므로 **기속행위**이나, 억제적 금지를 특정한 경우에 예외적으로 해제하는 **예외적 승인**(예: 개발제한구역내의 건축허가)은 재량행위임

(3) 효 과

금지해제에 의한 본래의 자유회복에 불과(법률상 이익인 경우 있음)/ 대물적 허가는 이전가능/ 무허가행위는 처벌의 대상이나 행위자체의 법률적 효력에는 영향 없음

4. 면 제

법령에 의하여 일반적으로 부과되어 있는 작위의무·급부의무·수인의무를 특정한 경우에 해제하는 행정행위를 말함

5. 특 허

특정인에게 새로운 법률상 힘을 부여하는 행위를 말함. 특허는 재량행위이며, 특허의 효과는 상대방에게 법률상의 힘을 발생하므로, 특허의 침해는 권리침해가 된다.

6. 인 가

다른 법률관계의 당사자의 법률행위를 보충하여 그 법률상 효력을 완성시켜주는 행정행위를 말함(보충행위, 행정주체의 동의행위). 인가는 법률행위의 효력요건임

37 허가의 갱신

<개 197, 연 83,149,260>

1. 의 의

유효기간 만료시 종전허가 효력을 장래에 향해 지속시켜 주는 것을 말함. 허가기간이 그 성질상 부당하게 짧으면 갱신기간으로 봄(대판 2007.10.11. 2005두12404 등)

2. 성질 및 효과

기존허가의 효력이 동일성을 유지하면서 장래에 향해 지속하는 것이므로, 특별한 규정이 없는 한 원허가의 요건은 갱신허가의 요건이 되며, 원허가의 하자는 갱신 후에도 존속한다.

3. 갱신기간 경과 후의 연장신청의 성질

이는 기존허가의 효력은 소멸하고 새로운 허가신청으로 봄

4. 갱신기간 경과 후의 사인의 행위의 효력

이 경우 무허가행위가 됨. 다만, 갱신기간경과 전에 갱신 신청을 하였으나 신청인의 귀책사유 없이 행정청의 수리여부결정 지연으로 갱신기간이 경과된 후의 사인의 행위는 적법한 허가행위라 할 것임

38 허가영업의 승계

<개 199, 연 98>[입시 35]

1. 의 의

허가영업을 양도·상속·합병 등에 의하여 제3자에게 이전하는 것을 말함

2. 요 건

승계를 허용하는 명문규정이 필요하나, 대물적 허가의 경우에는 원칙적으로 승계규정이 없어도 가능하다.

3. 법적 성질

학설은 수리필요설과 수리불요설로 나뉘며, 판례는 수리필요설의 입장이다. 생각건대 개별법에 특별한 규정이 없으면 행정절차법 제10조 제4항에 따라 양도양수에 의한 승계신고는 수리를 요하는 신고이다. 법령에 따른 적법한 양도양수이며 양수인의 결격사유 없는 경우에는 행정청의 수리는 기속행위에 속함(판례)

4. 효과 및 범위

종전영업허가에 따른 권리의무가 승계인에 이전됨/ 해당 허가영업과 관련되는 공법상의 권리의무만 승계되는 것으로 봄

5. 영업승계에 대한 불복

행정청은 영업승계신고의 수리처분시 양도인에게 사전통지와 의견제출의 기회를 주여야 하며, 수리처분에 불복하는 양도인은 항고쟁송이 가능함(대판 2012.12.13. 2011두29144 등)

39 인·허가 의제

<개 197, 연 552>

1. 의 의

해당 법률에 의한 인허가가 다른 법률상의 인허가 등을 함께 받은 것으로 간주하는 것을 말함 / 주된 인허가에 필요한 서류만 제출하면 되므로 복잡·다양한 인허가를 단일화 하여 처리기간 단축과 처리절차 간소화의 기능을 함(복합민원)

2. 절 차

① 법률에 의제되는 인허가(관련 인허가)의 서류를 첨부하도록 규정하였으면 관련서류 첨부해야 하나, 그런 규정 없으면 주된 인허가의 서류만 제출하면 됨, ② 관련 인허가의 실체적 요건을 검토하기 위해 관계기관과의 협의제도를 둠이 보통

3. 인허가의제의 정도

① 허가관청에게 관련 인허가의 권한만 이전되는 것으로 의제된다는 **관할집중설**, ② 관련 인허가의 권한과 그에 따른 절차까지도 이전되는 것으로 의제된다는 **절차집중설**(판례, 다수설), ③ 이해관계 있는 제3자의 권익보호를 위한 절차는 의제되지 아니한다는 **제한적 절차집중설**, ④ 관련 인허가의 권한과 절차 및 그에 관한 실체적 요건들도 의제된다고 보는 **실체집중설**, ⑤ 관련 인허가의 요건은 주된 허가의 형량의 요소로 고려될 수 있다는 **제한적 실체집중설** 등으로 견해가 나뉨.

4. 주된 허가의 법적 성질

하가는 원칙적으로 기속행위이나, 인허가의제사항이 재량사항이면 주된 행정행위도 재량행위가 된다.

5. 인허가의제의 효과

(1) 관련 인허가를 받은 것으로 봄

(2) 관련 인허가의 하자의 효과

① 관련 인허가가 주된 인허가의 필요한 요건인 경우에는 주된 인허가의 위법사유로 됨, ② 관련 인허가가 주된 인허가의 필요한 요건이 아닌 경우(부분 인허가 허용)에는 의제의 효과가 발생하지 아니할 뿐 주된 인허가의 효력에는 영향 없음

6. 관련 인허가에 위법사유가 있는 경우의 쟁송대상

(1) 학 설

① 위법사유가 있는 처분을 대상으로 해야 한다는 관련 인허가설과, ② 관련 인허가는 주된 허가처분에 흡수되므로 주된 허가처분이 소의 대상이 된다는 주된 인허가설 및 ③ 관련 인허가가 주된 인허가의 필요한 요건 여부에 따라 판단해야 한다는 개별적 검토설이 대립된다.

(2) 판 례

건축법 제11조 제5항에 따라 의제되는 인허가는 건축허가와 별개로 존재하는 것이 아니므로 건축허가를 다투어야 하나(대판 2001.1.16. 99두10988), 주택

법 제19조 제1항에 따라 의제되는 인허가는 제3항에 따른 관계기관의 장과 협의한 사항에만 인정되므로 관련 인허가를 다툴 수 있다고 함(대판 2018. 11.29. 2016두38792). 즉 개별적 검토설 취함

(3) 검 토

(가) 주된 인허가가 거부된 경우 : 거부된 주된 인허가를 다투어야 하므로 주된 인허가가 소의 대상

(나) 주된 인허가가 행해진 경우 : 관련 인허가의 위법사유로 불이익을 받게 되는 제3자는, 관련 인허가가 주된 인허가의 필요요건이면 주된 인허가가, 필요요건 아니면(부분 인허가 허용) 관련 인허가가 소의 대상(개별적 검토설).

40 인가와 기본행위

<개 207, 연 104>

1. 인가 또는 기본행위의 하자의 효과

(1) 인가는 적법하나 기본행위에 하자가 있는 경우

① 기본행위가 불성립 또는 무효이면 인가도 무효, ② 기본행위에 취소사유가 있으면 기본행위에 대한 민소소송 또는 공법상 당사자소송으로 취소할 수 있고, 기본행위가 취소되면 인가도 그 존립의 바탕을 잃어 실효됨

(2) 기본행위는 적법하나 인가에 하자가 있는 경우

인가가 무효이면 무인가행위로 되고, 인가에 취소사유가 있으면 인가를 취소할 수 있음

2. 기본행위의 하자로 인한 인가에 대한 쟁송방법

(1) 기본행위가 취소사유인 경우

기본행위의 하자를 다투는 것은 별론으로 하고 인가처분 취소소송은 불가.

(2) 기본행위가 부존재 또는 무효인 경우

인가처분의 무효등확인소송 가능

(3) 인가에 하자가 있는 경우

취소 또는 무효등확인소송 가능

41 준법률행위적 행정행위

<개 210, 연 186,401,557>

1. 확 인

특정한 사실 또는 법률관계에 관하여 의문이나 다툼이 있는 경우에 공적으로 그 존부 또는 정부를 판단·확정하는 행위, 법선언적 판단작용/ 기속재량행위, 구체적 처분의 형식, 존재·정당성을 공권적으로 확정하는 효과발생(불가변력 발생)/ 확인에 의해 권리의무 변동되면 처분이고, 근거법규에 의한 효력발생을 확인한 것에 불과하면 단순 사실행위(친일재산의 국가귀속은 특별법 시행에 따라 발생하고 국가귀속결정은 사실확인에 그침(대판 2008.11.13. 2008두13491))

2. 공 증

(1) 의의 및 성질

특정한 사실 또는 법률관계의 존부를 공적으로 증명하는 행위. 다툼이 없는 사실 또는 법률관계의 존부를 형식적으로 증명하여 공적 증거력 부여. 인식작용/ 반증에 의하지 않고는 전복되지 않

음(공적 증거력 발생)

(2) 처분성 여부

공적 증거력이라는 법적 효과 발생하여 처분이라는 **긍정설**과 공적 증거력은 반증에 의해 번복될 수 있어 공증은 사실행위에 불과하다는 **부정설** 및 국민의 권리관계에 영향을 미치는 경우에는 처분성 인정된다는 **제한적 긍정설**(절충설)로 견해가 나뉘며, 판례와 다수설인 제한적 긍정설이 타당. 즉, 처분성부인(자동차운전면허대장에 등재), 처분성 긍정(건축물대장에 등재, 지적법상 지목변경 등은 판례가 종래 부정에서 긍정으로 변경)

3. 통 지 [사시 50회]

특정한 사실을 알림, 관념의 통지(특허출원공고, 사업인정고시)와 의사통지(납세통지, 대집행 계고 등)

4. 수 리

타인의 행위를 유효한 행위로 받아들이는 행위, 수령의 인식의 표시행위

42 행정행위의 부관

<개 214, 연 108,158>

1. 의 의

행정행위의 효과를 제한하거나 보충하기 위하여 주된 행정행위에 부가된 종된 규율을 말함

2. 종 류 [행시 45회, 변시 1회, 5회]

(1) 조 건

행정행위의 효력의 발생·소멸을 **발생불확실**한 장래의 사실에 의존하게 하는 부관(조건성취 미정인 동안 행정행위효력 불안정). 조건성취로 당연히 효력발생하는 정지조건과 소멸하는 해제조건이 있음

(2) 기 한

(가) 의의 : 행정행위의 효력의 발생 또는 소멸을 장래 도래할 것이 **확실한** 사실에 매이게 하는 부관을 말함 / 효력발생의 시기와 소멸의 종기, 기한의 도래시기가 확실한 **확정기한**과 불확실한 **불확정기한**으로 나눌 수 있음

(나) 기한의 특성 : 장기계속성이 예정되어 있는 행정행위에 붙여진 기한의 성질

(a) 학설 : ① 허가에 붙인 기한은 종기에 해당하여 그 존속기간 도래로 당연히 효력 소멸한다는 **존속기간설**과, ② 유효기간만료 된 경우 기간연장신청에 의해 기존허가의 효력이 동일성을 유지하면서 장래에 향해 지속한다는 **갱신기간설**로 견해 나뉨

(b) 판례 : 허가의 성질상 부당하게 짧은 기한을 정한 경우에는 갱신기간으로 봄

(c) 검토 : 허가의 성질상 짧은 기한을 정한 경우는 갱신기간으로, 긴 기한을 정한 경우는 존속기간으로 봄이 타당

(3) 부 담

(가) 의의 : 주된 행위에 부수하여 작위·부작위·급부·수인의무를 과하는 부관

(나) 조건과 구별기준

(a) 행정청의 객관적인 법효과 의사

(b) 부관의 성질 : 정지조건은 조건의 성부미정의 동안은 그 효력이 불확실하나 부담은 처음부터 완전한 효력발생하고, 해제조건은 조건성취에 의해 당연히 효력이 상실하나 부담은 의무불이행

의 경우에도 당연히 효력 상실 되지 않고 불이행을 이유로 별개의 처벌대상이 될 수 있을 뿐임

(c) 처분의 근거규정 : 근거규정의 목적·취지·제도적 배경 및 부관의 필요성 등을 유기적으로 해석하여 판단

(d) 불명확한 경우 부담으로 추정

(4) 철회권의 유보

주된 행정행위에 부가하여 특정한 경우에 행정행위를 철회할 수 있는 권한을 유보하는 부관(당사자의 지속적인 의무이행확보 필요할 때 사용, 법적 근거 없이도 가능)/ 해제조건과 구별, 한계(철회사유는 구체적이고 충분해야, 이익형량 필요)

(5) 법률효과의 일부배제(제한)

주된 행위에 부가하여 법령에서 일반적으로 그 행위에 부여하고 있는 법률효과의 일부를 배제하는 부관/ 법률에 특별한 근거 있어야 하고, 주된 행위의 성립의 구성요소(불가분)라는 점에서 부담과 구별됨

(6) 행정행위 사후변경의 유보

행정행위를 사후에 변경·보완하거나 새로운 부관을 붙일 수 있는 권한을 유보하는 부관

3. 한 계 [행시 45, 60, 61, 변시 1, 5]

(1) 부관의 가능성

(가) 명문규정 있는 경우는 가능.

(나) 명문규정이 없는 경우에는, ① 법률행위적 행정행위(신분설절행위는 불가, 확인·공증에 종기 가능, 특별한 의무부과 부관과 요건 보충위한 부관 가능), ② 재량행위(예외: 법령에서 허용한 경우, 법률요건충족부관)에 가능

(2) 부관의 한계성 [행시 45회, 입시 28회, 변시 1회, 5회]

붙일 수 있는 경우에도, 적법한계·목적한계·비례평등한계·부당결부금지원칙·이행가능 하며 명확해야 하는 등 제한 받음

(3) 사후부관 [행시 57회, 변시 5회]

(가) 학설 : 행정행위가 행해진 후 새로이 부관을 붙일 수 있는지에 대해, ① 부관은 본체인 행정행위에 부수된 종된 것이므로 특별한 규정이 없는 한 허용되지 않는다는 부정설과, ② 부담만은 법령에 근거가 있거나 부담이 유보되어 있는 때, 또는 상대방의 동의가 있을 때에는 가능하다는 제한적 긍정설이 대립된다.

(나) 판례 : 판례는 법률의 명문규정이나 변경의 유보 또는 상대방의 동의 및 사정변경의 경우 예외적으로 허용된다고 한다.

(다) 검토 : 부담에 한해 명문규정이 있거나 부담의 유보와 상대방의 동의 및 사정변경 등 일정한 경우에 허용함이 타당

43 하자있는 부관에 대한 쟁송

<개 224, 연 116,163> [행시 45,52, 57, 입시 28, 변시 1, 법행 34,35]

1. 부관에 대한 쟁송형식

(1) 의 의

주된 행정행위에는 하자가 없고 부관에만 하자가 있는 경우에 다투는 방법을 말함. 소송요건(대상적격)이라는 본안전의 문제임

(2) 학 설

① 부담은 특정한 의무를 명하는 것으로서 처분성이 인정된다는 부담만의 **독립쟁송가능설**(진정일부취소소송설), ② 주된 행정행위와 분리가능 하면 진정일부취소소송을, 분리가능하지 아니하면 부진정일부취소소송의 형태를 취할 수 있다는 **분리가능성기준설**, ③ 하자 있는 부관을 포함한 주된 행정행위 전체를 다투면서 하자 있는 부관의 일부만의 취소를 구할 수 있다는 **부진정일부취소소송설**(전면적 긍정설), ④ 부관 없는 행정행위 또는 수용할 수 있는 부관부 행정행위를 신청하고 이를 거부하는 경우에 그 거부처분을 다투어야 한다는 **거부처분취소소송설** 등으로 견해 나뉨

(3) 판 례

부담만의 독립쟁송설을 취하면서 거부처분취소소송도 가능하다고 함(대판 91누1264등)

(4) 검 토

부관에 대한 쟁송형식은 부관이 쟁송대상이 되는 처분성의 유무의 문제이므로 부담만의 독립쟁송가능설이 타당하며, 그 밖의 부관에 대해서는 주된 행정행위 전체를 다투는 부진정일부취소소송의 형태가 될 수 있다.

2. 독립취소가능성

(1) 의 의

취소소송의 이유유무라는 실체법상의 본안의 문제로서, 부관이 위법하면 주된 행정행위는 그대로 둔 채 부관만 취소할 수 있는지의 문제임

(2) 학 설

① 주된 행정행위가 기속행위인 경우에는 부관만의 분리 취소가 가능하나 재량행위인 경우에는 재량권의 존중에서 부관만의 취소가 곤란하다고 하는 **법구속정도기준설**(기속행위가능설), ② 부관이 주된 행정행위와 분리될 수 있는 경우에만 부관만의 취소가 가능하다는 **관련성기준설**(분리가능성설), ③ 부관에 하자가 있으면 부관만을 취소할 수 있다는 **위법성기준설**(전면적 긍정설)로 견해 나뉨

(3) 판 례

부담만의 독립쟁송에서 부담만의 독립취소가 가능하다고 보며, 그 밖의 부관의 경우에는 주된 행정행위의 본질적 요소로 보아 전부취소로 본다.

(4) 검 토

① 부담만의 독립쟁송인 진정일부취소소송의 경우에 부담이 위법하면 처분권주의에 따라 소송물인 부담을 취소해야 할 것이고(위법성기준설), ② 부진정일부취소소송의 경우에는 부관이 주된 행정행위에서 분리가능 하면 부관만의 일부취소가 가능할 것이나 부담 이외의 부관은 분리가능성이 인정되기 어려우므로 부관만의 일부취소가능성은 크지 않다고 할 것이다.

44 행정행위의 성립 및 효력

<개 229>

1. 성립요건

내부적 요건으로 주체·내용·절차·형식에 관한 요건과, 외부적 요건으로 표시행위가 요구된다.

2. 효력발생요건

(1) 송달에 의하며 도달주의(행정절차법 14①,15①),

(2) 주소불명 등의 경우 공고(동법 14④), ① 다른 법령등에 특별한 규정 있는 경우 외에는 공고일부터 14일 경과로, ② 다른 법령인 「행정효율과 협업촉진에 관한 규정」(대통령령) 제6조 제3항에 따라 공고 후 5일 경과로 효력발생

45 공정력

<개 232>

1. 의 의

행정행위의 성립에 비록 하자가 있더라도 당연 무효로 인정되는 경우를 제외하고는 적법한 행위로 추정되어 권한 있는 기관에 의해 취소되기 까지는 상대방 및 제3자에 대하여 구속력 있는 것으로 통용되는 힘

2. 구성요건적 효력과 구별여부

유효한 행정행위가 존재하는 이상 모든 국가기관은 그 존재를 존중하고 스스로 판단의 기초 또는 구성요건으로 삼아야 한다는 행정행위의 구속력을 말함. 국가기관 상호구속의 원칙 내지 권한분배의 원칙에 근거함/ 근거와 상대방이 다르다고 공정력과 구별함이 다수설(통설과 판례는 구별부정)

3. 공정력의 근거

(1) 이론적 근거

자기확인설, 국가권위설, 예선적 특권설, 행정정책설(상대방이나 제3자의 신뢰보호, 행정법관계의 안정성이나 질서유지 또는 행정의 원활한 운영이라는 정책적 이유)

(2) 실정법적 근거

행정쟁송법상 행정행위에 대한 항고쟁송과 집행부정지원칙(행정심판법 30①, 행정소송법 23①)

4. 한 계

비권력적 행정작용 및 무효행위와 부존재에는 인정되지 아니함

5. 입증책임

공정력이 항고소송의 입증책임의 소재결정에 영향을 주는지에 대해, ① 원고책임설(종래 통설)과 ② 입증책임무관계설(현재의 지배적 견해)로 나뉨

46 공정력과 선결문제

<개 235, 연 122>

1. 의 의

선결문제란 특정한 소송사건에서 그 판결을 위한 전제로서 우선 결정을 요하는 문제를 말함. 즉, 행정행위의 적법여부 또는 효력유무를 항고소송의 관할법원 이외의 법원에서 스스로 심리·판단할 수 있는가의 문제임. 공정력을 직접 상대방에 대한 구속력으로 인정하는 견해에서는 선결문제를 다른 국가기관에 대한 구속력인 구성요건적 효력의 문제로 본다.

2. 전제요건

① 항고소송의 대상인 행정행위일 것, ② 취소할 수 있는 행정행위일 것, ③ 불가쟁력이 발생하였을 것(민사소송의 경우)

3. 민사소송과 선결문제

[사시 44,52회, 변시 5회]

(1) 행정행위의 위법여부가 선결문제인 경우(국가배상) [사시 44회, 52회, 변시 5회]

(가) 소극설(부정설) : ① 공정력으로 인해 취소될 때까지 구속력 있고, ② 취소소송의 배타적 관할, ③ 취소소송 절차의 특수성 및 ④ 행정소송법 제11조가 '처분 등의 효력유무 또는 존재여부'가 민사소송의 선결문제로 되는 경우에 대해서만 규정하고 있다는 점 등에서, 당연 무효가 아닌 한 민사법원은 위법여부를 심사할 수 없다고 함

(나) 적극설(긍정설) : ① 공정력은 절차법적 효력에 불과하여 실체법상의 적법성 추정력은 없고, ② 처분의 효력 자체를 부인하는 것이 아닌 위법성판단은 가능하며, ③ 행정소송법 제11조는 예시규정이라는 점 등에서 민사법원이 행정행위의 위법여부를 심사할 수 있다고 함.

(다) 판례 : 미리 행정처분의 취소판결이 있어야만 그 위법임을 이유로 한 손해배상청구를 할 수 있는 것은 아니라고 하여 적극설을 취함(대판 1972.4.28. 72다337)

(라) 검토 : 공정력의 본질이 실체법상의 적법성 추정에 있는 것이 아니라 사실상 유효한 것으로 통용됨에 있는 것이므로 손해배상청구판단의 전제로서 위법성에만 국한시킨 판단은 가능하다고 할 것이므로 적극설이 타당함

(2) 행정행위의 효력유무가 선결문제인 경우(부당이득반환청구소송)

(가) 소극설(부정설) : 민사법원이 행정행위의 효력을 부인하면 공정력의 효력에 반하고 취소소송의 배타적 관할권에도 위반되며, 행정소송법 제11조의 선결문제는 당연무효와 부존재만을 의미한다는 점에서 민사법원이 행정행위의 효력을 부인할 수 없다고 함

(나) 적극설(긍정설) : 공정력이 사법부까지 미친다는 것은 사법부의 재판권 침해행위로서 헌법상 권력분립의 원칙에 위배되고, 신속한 재판의 원칙에도 반하며, 행정소송법 제11조 제1항의 규정을 근거로 민사법원도 행정행위의 효력을 부인할 수 있다고 함

(다) 판례 : 민사소송의 수소법원은 행정행위의 효력을 부인할 수 없다고 하여 소극설을 취함(대판 1999.8.20. 99다20179)

(라) 검토 : 소극설과 같은 취지에서 민사법원의 행정행위의 효력유무 판단을 부정함이 타당

4. 형사소송과 선결문제 [변시 5회, 법행 34회]

(1) 행정행위 위법여부가 선결문제인 경우

행정행위의 적법여부에 따른 **명령위반여부**가 해당 범죄구성요건의 충족여부에 대한 판단의 선결문제로 된 경우임

(가) 소극설 : 행정소송법상 항고소송의 특수한 구조와 항고소송의 배타적 관할권 및 행정소송법 제11조 제1항에서 처분의 효력·존재여부에 대한 민사법원의 선결문제만 규정한 점 등에서 행정행위의 위법여부의 판단은 항고소송절차에서만 가능하다고 함

(나) 적극설 : 공정력의 본질이 실체법상의 적법성 추정에 있는 것이 아니라

사실상 유효한 것으로 통용됨에 있으므로 효력을 직접 부인하지 아니하고 범죄성립여부 판단의 전제로서 행정행위의 적법여부만의 판단은 가능하다고 함

(다) 판례 : "조치명령위반에 따른 처벌을 하기 위해서는 그 조치명령이 적법하여야 하고 위법한 것으로 인정되는 한 그 위반죄가 성립하지 아니 한다"고 하여 범죄구성요건을 이루는 행정행위의 위법여부를 형사법원이 판단할 수 있다고 하여 적극설을 취함(대판 2007.7.13. 2007도3918 등)

(라) 검토 : 시정명령 등 위반으로 기소된 경우 형사법원은 그 시정명령의 위법여부를 심리·판단하여 유죄여부를 판단할 수 있다고 할 것이므로 적극설이 타당함

(2) 행정행위 효력유무가 선결문제인 경우

무면허·무자격의 행위여부 등 행정행위의 효력유무가 법죄구성요건으로 되는 경우임

(가) 소극설 : 형사법원이 행정행위의 효력을 부인하면, 공정력의 효력에 반할 뿐만 아니라 취소소송의 배타적 관할권에도 위반되고, 행정소송법 제11조 제1항이 민사소송의 선결문제만 규정하였다는 점을 근거로 형사법원의 행정행위의 효력유무의 심리·판단을 부인함

(나) 적극설 : 공정력은 행정행위가 만들어낸 법률관계의 안정을 기하기 위한 것이므로 형사관계에는 미치지 않고, 위법한 처분에 위반한 자에게 까지 형벌을 과하는 것은 기본권보장의 원리에 반한다는 점에서 형사법원이 범죄구성요건인 행정행위의 유효여부를 심리·판단할 수 있다고 함

(다) 판례 : "세관장에게 수입신고를 하여 그 면허를 받고 물품을 통관한 경우에는 세관장의 수입면허가 당연무효가 아닌 한 무면허수입죄가 성립될 수 없다"고 하여 형사법원이 행정행위의 효력관계는 심리·판단할 수 없다는 소극설을 취함 (대판 1989.3.28. 89도149)

(라) 검토 : 민사소송의 경우와 같은 이유로 소극설이 타당함. 따라서 형식상 면허여부에 따라 유죄여부를 판단해야 하고, 무면허로 된 면허취소처분이 나중에 행정쟁송절차에서 위법으로 취소되면 소급하여 효력을 상실하여 형사처벌을 할 수 없다(대판 1999.2.5. 98도4239 도로교통법위반).

47 존속력

<개 240>

1. 불가쟁력(형식적 존속력)

(1) 의 의

행정행위의 효력을 신속하게 안정시키기 위하여 일정한 법률사실이 존재(제소기간의 경과, 심급의 종료 등)하면 상대방 그 밖의 이해관계인이 법상의 쟁송수단으로 그 효력을 다툴 수 없게 되는 힘을 말함

(2) 효 력

불가쟁력이 발생한 행정행위에 대한 행정쟁송은 부적법을 이유로 각하됨. 다만, 불가쟁력이 생기더라도 행정행위의 하자가 치유되어 위법성이 제거되는 것은 아니므로 따로 국가배상청구나 행정청에 의한 직권취소는 가능하며, 무효인 행정행위에는 불가쟁력이 발생하지 아니함

2. 불가변력(실질적 존속력)

(1) 의 의

행정청 자신도 직권으로 자유로이 해당 행정행위를 취소·변경할 수 없는 효력

(2) 범 위

① 일정한 쟁송절차를 거쳐서 행하여지는 확인적 행위 등 준사법적 행위는 재판판결과 유사성으로 재판의 기속력과 같은 강한 불가변력이 인정됨, ② 수익적 행정행위 및 공공복리는 취소권의 제한의 문제이지 불가변력의 문제는 아님, ③ 통고처분, 토지수용에 관한 확정재결, 국가배상심의회의 결정 등 법률이 소송법적 확정력을 인정한 경우는 불가변력의 문제가 아님

3. 불가쟁력과 불가변력의 관계

불가쟁력은 모든 행정행위에 인정되는 절차법적 효력이며, 행정행위의 상대방이나 이해관계인에 대한 구속력인데 대하여, 불가변력은 일정한 행정행위에만 인정되는 실체법적 효력이며 처분청에 대한 효력인 점에서 구별됨

48 무효와 취소의 구별

<개 245> [사시 57회]

1. 의 의

• **무효인 행정행위**란 행정행위가 외견상으로 존재하나 중대하고 명백한 하자로 처음부터 당연히 그 법률적 효과를 발생하지 못하는 행위를 말한다.

• **취소할 수 있는 행정행위**란 행정행위의 성립에 하자가 있음에도 불구하고 권한 있는 행정청 또는 법원의 취소가 있기까지는 유효한 행정행위로서 효력을 가지는 행위를 말한다.

2. 구별기준에 관한 학설 및 판례

(1) 학 설

① 행정행위의 하자가 중대한 법규위반이고 그것이 외관상 명백한 경우에는 무효이고 그렇지 않은 경우에는 취소할 수 있음에 그친다는 **중대명백설**(통설, 판례), ② 하자의 명백성의 요건은 불필요하고 하자의 중대성으로만 행정행위의 무효를 인정하는 **중대설**, ③ 하자의 중대성은 필수요건이지만 명백성은 행정의 법적 안정성이나 제3자의 신뢰보호의 요청 등 이익상황의 여하에 따라 중대성의 요건에 가중된 보충요건이라는 **명백성보충요건설**, ④ 하자의 명백성이란 통상인의 정상적인 판단으로 분명하다고 판단되는 것이라는 **객관적 명백성설**, ⑤ 명백성이란 행정행위의 하자를 통상인이 외견상 용이하게 알 수 있는 경우뿐만 아니라 행정청이 성실한 직무수행으로 당연히 요구되는 정도의 조사의무를 다했다면 도저히 그러한 하자는 발생하지 않았을 것이라고 인정되는 경우도 포함된다는 **조사의무위반설**, ⑥ 구체적 사안에 따라 권리구제의 요청과 법적 안정성의 요청 및 제3자의 신뢰보호 등을 고려하여 개별적·구체적으로 비교형량 하여 합목적적으로 결정해야 한다는 **이익형량설** 등의 견해가 나뉜다.

(2) 판 례

"행정처분이 당연무효라 하기 위해서는 하자가 법규의 중요부분을 위반한 중대한 것으로서 객관적으로 명백한 것이어야 하며, 이는 법규의 목적, 의미, 기능, 구체적 사안의 특수성 등을 합리적으로 고찰

함을 요한다."고 하여 중대명백설을 취하며, 객관적 명백성설 및 이익형량설을 보충하고 있다(대판 2008.1.10. 2007두11979 등).

(3) 검 토

중대명백설이 타당하며, 구체적 사안에 따라 이익형량설을 고려함이 타당

3. 구체적 구별기준

행정행위에 내포된 하자가 중대하고(하자의 중대성) 그 하자의 존재가 객관적으로 명백한지(하자의 명백성)의 여부에 따라 판단함. 그리하여 하자가 중대하고 명백하면 당연 무효이고, 위 요건 중 어느 하나라도 결여하면 취소할 수 있는 행정행위에 불과하다.

49 위헌법률에 근거한 행정처분의 효력

<개 249> [사시 56회, 행시 43회, 입시 32회, 변시 7회, 법행 33회]

1. 위헌결정의 소급효 인정여부

(1) 학 설

① 헌법재판소의 위헌결정은 확정적인 것이라는 전제하에, 위헌결정은 법률을 소급적으로 무효화한다는 긍정설, ② 위헌결정은 창설적인 것이라는 전제하에, 위헌결정은 법률을 장래에 향해 무효화 한다는 부정설, ③ 위헌결정은 장래효가 원칙이나, 당사자의 권리구제의 타당성이 현저한 반면 법적 안정성이나 기득권 침해 우려가 없는 경우 예외적으로 소급효를 인정할 수 있다는 절충설로 견해가 나뉜다.

(2) 판 례

절충설을 취함. 즉, 위헌결정의 효력은, ① 위헌제청을 한 해당 사건, ② 위헌결정이 있기 전에 이와 동종의 위헌 여부에 관하여 위헌여부심판제청신청을 한 경우의 해당 사건, ③ 해당 법률 또는 법률의 조항이 재판의 전제가 되어 법원에 계속 중인 사건, ④ 위헌결정 이후에 위와 같은 이유로 제소된 일반 사건에 미치며, 그 밖에 ⑤ 당사자의 권리구제의 타당성이 현저한 반면 법적 안정성이나 기득권 침해 우려가 없는 경우에는 소급효를 인정한다.

(3) 검 토

통설・판례의 입장인 절충설이 타당. 그런데 불가쟁력이 발생한 경우에는 취소소송으로 다툴 수 없으므로 소급효의 의미가 없다고 할 것이다.

2. 위헌법률에 근거한 처분의 효력

(1) 위헌결정 전

위헌결정 전에는 헌법에 위반된다는 사정이 객관적으로 명백하다고 할 수 없으므로 그 법률에 근거한 처분은 취소사유에 불과함. 다만, 그 처분을 무효로 하더라도 법적 안정성을 크게 해치지 않는 반면 그 하자가 중대하여 구제가 필요한 경우에는 예외적으로 무효사유로 인정함이 타당

(2) 위헌결정 후

위헌결정 후에는 그 법률에 근거한 처분은 객관적으로 명백하게 위헌・위법이라 할 것이어서 당연 무효임

3. 위헌법률에 근거한 행정처분의 집행력

(1) 학 설

① 위헌법률에 근거한 행정처분은 취소사유에 불과하여 공정력이 인정되므로 후행처분은 적법하고 하자승계도 되지 아니하므로 후행처분을 다툴 수 없게 된다는 **집행력긍정설**과, ② 위헌결정의 기속력으로 행정처분 이후의 후행처분절차를 진행할 수 없다는 **집행력부정설**로 견해 나뉨

(2) 판 례

위헌결정 이후에의 필요적 해제사유는 예시규정으로서 '그 밖의 사유'에 위헌결정도 포함된다고 봄(집행력을 인정하면 위헌결정의 기속력에 반하며, 국세징수법 제53조 제1항 제1호의 압류부정설, 대판 2012.2.16. 2010두10907, 압류처분무효확인 등).

(3) 검 토

통설과 판례의 입장인 집행력부정설이 타당

50 하자의 승계

<개 254, 연 142,206> [사시 57, 행시 56, 59, 입시 24, 27, 32, 변시 6]

1. 의 의

두 개 이상의 행정행위가 일련의 절차로 연속하여 행하여지는 경우 후행행위에는 하자가 없더라도 선행행위의 하자가 후행행위에 승계되는 것을 말함

2. 전제요건

① 연속하는 행정행위의 존재, ② 선행행위에 취소사유 존재, ③ 선행행위에 불가쟁력 발생, ④ 후행행위의 적법

3. 판단기준

(1) 학 설

① 선·후행위가 동일목적실현을 위한 단계적 절차관계인 경우에는 하자가 승계되고, 각각 별개의 법률효과를 발생하는 경우에는 선행행위가 당연 무효인 경우를 제외하고는 승계되지 아니한다는 하자승계론(전통적 견해)과, ② 선·후행위가 동일한 법적 효과를 추구하고 있는 경우에 선행행위는 후행행위에 대하여 일정한 범위에서 구속력(규준력)을 가지며, 이 구속력이 미치는 범위 안에서 불가쟁력이 발생한 선행행위의 효과와 다른 주장을 할 수 없다고 하여 하자승계를 부정하는 규준력설이 있음

(2) 판 례

선·후행위가 하나의 행정목적을 실현하기 위한 단계적인 절차관계에 있는 경우에는 하자가 승계된다고 한다. 그러나 각각 독립하여 별개의 법률효과를 발생하는 경우에는 당연무효를 제외하고는 승계되지 아니하며, 다만, 예측가능성과 수인가능성이 없는 경우에는 예외적으로 하자승계를 인정한다(대판 1998.3.13. 96누6059, 양도소득세부과처분취소).

(3) 검 토

선후행위가 동일목적실현을 위한 단계적 절차관계인 경우에는 하자승계가 인정되고, 각각 별개의 법률효과를 발생하는 경우에는 당연무효 이외에는 승계되지 아니하나, 예외적으로 예측가능성과 수인가능성이 없는 경우에는 승계가 인정된다.

51 하자의 치유

<개 258, 연 149> [행시 42, 52회, 변시 3회]

1. 의 의

성립당시에 하자 있는 행정행위가 사후에 하자의 원인인 법정요건의 흠결을 추완·보충하였거나 취소할 가치가 없어진 경우에 그 하자에도 불구하고 행위의 효력을 다툴 수 없게 유지하는 것을 말함

2. 인정여부

(1) 학 설

① 법치행정의 원리에서 부정설, ② 무용한 행정행위의 반복방지의 입장에서 긍정설, ③ 법치행정의 원리상 원칙적으로 부정하되 행정행위의 무용한 반복방지를 위한 제한된 범위에서 인정하는 제한적 긍정설이 대립

(2) 판 례

원칙적으로 부정하되 예외적으로 한정된 범위에서 인정(제한적 긍정설)

(3) 검 토

법치행정의 원리상 원칙적으로 부인하되, 불필요한 반복방지와 신뢰보호 및 법적 안정성을 고려하여 예외적·제한적으로 인정함이 타당(제한적 긍정설)

3. 사 유

요건의 사후보완. 즉, ① 필요한 신청서의 사후제출·보완, ② 무권대리행위의 추인, ③ 허가요건·등록요건의 사후충족, ④ 요식행위의 형식보완, ⑥ 관계행정청·상대방의 추인 등

4. 대 상

① 취소할 수 있는 하자, ② 절차 및 형식상의 하자

5. 한 계

(1) 실체적 한계

국민의 권리침해 없는 범위에서 구체적 사정에 따라 합목적적으로 인정

(2) 시간적 한계

하자치유는 소송절차종결전까지라는 설도 있으나 행정쟁송제기전까지라는 설이 다수설 및 판례의 입장임

6. 효 과

소급적이며 처음부터 적법한 행위로 효력 가짐

52 하자의 전환

<개 260>

1. 의 의

행정청이 의도한 행정행위로서는 무효인 행정행위가 일정한 사유존재를 전제로 유효한 다른 행정행위로서의 효력을 인정하는 것을 말함

2. 대 상

전환의 대상에 대하여 무효설과 취소포함설이 대립되나, 당연 무효에도 전환이 인정되는데 전환의 요건을 갖춘 취소할 수 있는 행정행위에 부정할 이유가 없다는 점에서 취소포함설이 타당

3. 요 건

① 하자 있는 행정행위와 전환하려는 다른 행정행위 사이에 요건·목적·효과에 있어서 실질적 공통성이 있고, ② 다른 행정행위의 성립·발효요건 갖추

고 있으며, ③ 하자 있는 행정행위를 한 행정청의 의도에 반하지 않고, ④ 당사자가 그 전환을 의욕하는 것으로 인정되며, ⑤ 제3자의 이익을 침해하지 아니하는 경우에 행위의 중복을 피하는 의미에서 전환 인정됨

4. 제 한

① 하자 있는 행정행위보다 관계인에게 불이익하게 전환할 수 없고(불이익변경금지), ② 기속행위를 재량결정으로 전환 불가, ③ 상대방의 의견청취 등 행정절차법에 따라야 함

5. 효 과

전환된 행정행위는 종전 행정행위 발령 당시로 소급하여 효력발생, 전환에 관한 불복은 행정쟁송 가능(불복기간은 전환행위 있음 안날부터 진행)

53 무효를 주장하는 방법

<개 264>

1. 행정심판

무효등확인심판 청구

2. 행정소송

① 무효등확인소송, ② 무효선언적 의미에서의 취소소송, 이 경우 전심절차와 제소기간제한의 적용여부에 대해 긍정설과 부정설이 대립되나 판례와 통설은 긍정설을 취함

3. 민사소송에 의한 경우

선결문제로서 행정행위의 무효 주장

54 쟁송취소와 직권취소

<개 266>

1. 의 의

쟁송취소는 이해관계인의 쟁송제기에 의해 행정쟁송의 심리·판단으로서 하는 취소를 말하며, 직권취소는 이해관계인의 신청과 관계없이 취소권을 가진 행정청이 직권으로 취소하는 것을 말한다.

2. 절 차

쟁송취소는 엄격한 쟁송절차에 따라야 하며 출소기간의 제한을 받으나, 직권취소는 행정절차법상의 절차 이외에 특별한 절차 없이 가능하며 불가쟁력이 발생한 후에도 취소할 수 있다.

3. 제 한

쟁송취소는 사정판결 이외에는 위법만 있으면 취소할 수 있으나, 직권취소는 이익형량에 의한 제한을 받는다.

4. 효 력

쟁송취소는 소급효가 원칙이나, 직권취소는 상대방의 귀책사유가 없는 한 원칙상 소급효 없다.

55 취소권의 제한

<개 268, 연 149,601>
[사시 53회]

1. 의 의

직권취소의 경우에 부담적 행정행위는 행정의 적법성 확보와 상대방 이익을 위해 취소가 자유로우나, 수익적 행정

행위는 공정력으로 기성 법질서 침해로 법률생활 안정 위해 제한됨

2. 제한 기준

취소할 공익상 필요와 상대방 또는 제3자의 신뢰보호·법률생활의 안정·기득권존중 등의 요청과 비교형량 해야 하는 이익형량의 원칙

3. 취소가 제한되는 경우

① 수익자의 신뢰, ② 경제적 효과의 형량, ③ 불가변력 있는 행위, ④ 포괄적 신분설정행위, ⑤ 사법형성적 행위, ⑥ 실권(시간경과), ⑦ 다른 구제수단 존재, ⑧ 공공복리, ⑨ 하자의 치유

4. 취소가 제한되지 아니하는 경우

(1) 수익자의 주관적 책임

사기, 강박, 증수뢰, 부정·부실신고, 행정행위의 위법을 알았거나 중과실로 알지 못한 경우에는 수익자의 신뢰를 주장 못함

(2) 수익자의 객관적 책임

수익자의 고용인·대리인등 부정행위로 행정행위가 행해진 경우

(3) 중대한 공익상 필요(공공복리, 위해방지)

직권취소를 정당화할 만한 정도의 중대한 공익상 필요가 있는 경우

56 행정행위의 철회

<개 272, 연 158> [행시 51회(취소와 구별), 52회(성질), 55회·58회(사유·한계), 변시 5회]

1. 의 의

하자 없이 유효하게 성립된 행정행위의 효력을 사후에 발생한 새로운 사정으로 장래에 향해 그 효력을 상실시키는 별개의 독립된 행정행위를 말함

2. 철회권자

원칙적으로 처분청만 가능

3. 근 거

철회사유존재만으로 법령에 근거 없이 철회권 행사 가능한지 문제됨

(1) 학 설

① 원행정행위의 근거규정은 철회의 근거가 될 수 있고, 공익실현과 정세변화에 유연한 적응위해 법적 근거 필요 없다는 근거불요설, ② 법치행정의 원리와 개인의 권리보호를 위해 법적 근거 있어야 한다는 근거필요설, ③ 당사자의 귀책사유나 철회권유보가 되어 있는 경우에는 법적 근거 필요 없으나, 공익상 필요에 의한 경우에는 법적 근거 필요하다는 제한적 긍정설로 견해 나뉨

(2) 판 례

사정변경이나 중대한 공익상 필요 있는 경우에는 법적 근거 불필요 하다고 함(근거불요설)

(3) 검 토

법치행정의 원리, 법적 안정성 및 상대방의 신뢰보호의 원칙에서 법적 근거 필요하나, 부담적 행정행위나 철회권이 유보된 경우 및 행정행위를 존속시킬 수 없는 특별한 사정 등에는 예외를 인정할 수 있음

4. 철회사유

(1) 명문규정이 있는 경우

(2) 공익상 행정행위의 효력을 더 존속

시킬 수 없는 '새로운 사정'

① 사정변경(사실관계변동, 근거법령 개폐), ② 상대방의 유책행위, ③ 철회권의 유보, ④ 중대한 공익상 필요, ⑤ 그 밖의 사유(일정시기까지 권리행사나 사업착수가 없는 경우, 사업성공이나 목적달성이 불가능한 경우, 상대방의 신청·동의)

5. 철회권의 제한

부담적 행정행위는 자유 원칙, 수익적 행정행위는 제한

(1) 이익형량 기준

상대방의 신뢰보호와 공익실현 및 정세변화에 적용해야 하는 행정행위의 가변성의 요청을 비교형량 하여 비례원칙에 따라 결정

(2) 철회가 제한되는 경우

① 기득권존중, ② 불가변력 있는 행정행위, ③ 실권의 경우, ④ 포괄적 신분관계설정, ⑤ 복효적 행정행위

(3) 철회가 제한되지 아니하는 경우

① 수익자의 책임(수익자의 귀책사유), ② 중대한 공익상 필요

6. 철회의 절차, 효과

행정절차법 및 개별법상 의견청취절차(청문, 의견제출)와 이유제시 필요, 장래에 향해서만 효력발생, 상대방의 귀책사유 없는 경우 손실보상 필요

57 행정법상의 확약

<개 278, 연 163,172>

1. 의 의

행정청이 국민에 대한 관계에서 자기구속을 할 의도로서 장래에 향하여 일정한 행위 또는 불행위를 약속하는 의사표시를 말함

2. 법적 성질

확약을 행정행위로 볼 것인지의 문제(처분성여부)

(1) 학 설

① 확약은 행정처분에 선행하는 예비결정에 불과하고 아직 종국적 규율성이 결여되어 행정처분으로 볼 수 없다는 부정설과, ② 확약은 행정청에 대하여 장래의 이행·불이행의 의무를 지우는 효과를 발생시키는 점에서 구속성·규율성이 인정되어 처분성을 인정할 수 있다는 긍정설로 견해가 나뉨

(2) 판 례

대법원은 어업면허에 선행하는 우서순위결정은 강학상 확약에 불과하고 행정행위가 아니라고 하여 부정설을 취함(대판 1995.1.20. 94누6529)

(3) 검 토

행정청은 확약된 행위를 하여야 할 자기구속적인 의무를 발생하며 상대방은 이에 대응하는 권리를 갖게 된다고 할 것이므로 처분성을 인정함이 타당

3. 허용성

명문규정이 없는 경우에, 긍정설인 신뢰보호설과 본처분권한포함설 및 부정설 등의 견해가 나뉜다. 생각건대, 확약은 본처분의 행사에 관한 사전처리작용이라 할 것이므로 법이 본처분의 권한을 부여한 경우에는 행정법상의 확약의 권한도 부여하고 있는 것으로 봄이 타당(본처분권한포함설).

4. 한 계

① 기속에의 위배가 없는 한 기속행위에 대한 확약도 가능하며, ② 상대방의 기대이익·준비이익을 줄 수 있으므로 요건사실완성후의 확약도 가능함

58 행정계획

<개 281, 연 186> [사시 51회, 행시 54회, 입시 21회]

1. 의 의

행정주체가 일정한 행정활동을 위한 목표로 설정하고, 서로 관련되는 행정수단의 종합·조정을 통하여 목표로 제시된 장래의 일정한 시점에 있어서의 일정한 질서를 실현하기 위한 구상 또는 활동기준의 설정행위를 말함 / 목표설정기능, 행정수단 의 종합화 기능, 행정과 국민간의 매개적 기능을 함

2. 법적 성질

(1) 학 설

① 국민의 권리·자유에 관계되는 일반적·추상적인 법규범을 정립하는 행위라는 **입법행위설**, ② 특정인의 권리이익을 구체적으로 규제하여 법관계의 변동이라는 효과를 가져오는 행정행위로서의 성질을 지닌다는 **행정행위설**, ③ 행정계획 중에는 법규명령적인 것도 있고 행정행위적인 것도 있고 단순한 사실행위인 것도 있다는 **복수성질설**(개별적 검토설), ④ 행정계획은 법규범도 행정행위도 아닌 특수한 성질의 것이지만 구속력을 가진 점에서 행정행위에 준한다는 **독자성설** 등으로 견해 나뉨

(2) 판 례

국민에 구속력을 갖는 행정계획은 처분성을 인정하나 행정기관 내부의 행정지침에 불과한 것은 처분성을 부인함

(3) 검 토

행정계회의 종류와 내용은 매우 다양하므로 각 행정계획별로 개별적으로 결정해야 한다(개별적 검토설).

3. 근거와 수립절차

(1) 근 거

조직법적 근거와 작용법적 근거 필요 (비구속적 행정계획은 근거불요 원칙)

(2) 수립절차

통칙적 규정은 없으나, 일반적으로 ① 관계기관의 의견조정, ② 이해관계인의 참여, ③ 공고 등의 과정을 거침

59 행정계획의 집중효

<개 287, 연 172,186>

1. 의의 및 근거

하나의 사업계획이 확정되면 그 사업을 수행하는데 필요한 각종의 관계법령에 의한 인허가는 생략하거나 받은 것으로 의제하는 것을 말함 / 인허가절차의 번거로움과 불확실성 제거하고, 시간·노력·비용 절약하며, 효율적 행정을 가능케 함/ 집중효에 관한 일반법은 없고 개별법에 인허가의제를 규정하고 있음

2. 집중효의 정도

집중효가 행정청의 인허가 및 결정에 미치는 효력의 정도 내지 범위

(1) 학 설

① 계획확정기관에게 인허가에 관한 권한만 이전되는 것으로 의제된다는 **관할**

집중설, ② 인허가에 관한 권한과 그에 따른 절차까지도 거친 것으로 의제된다는 **절차집중설**, ③ 절차요건 중에 이해관계 있는 제3자의 권익보호를 위한 절차는 집중되지 않고 적용되어야 한다는 **제한적 절차집중설**, ④ 인허가에 관한 권한과 절차 및 그에 관한 실체적 요건들도 의제된다는 **실체집중설**, ⑤ 계획확정에 있어서 실체법적인 요건들은 형량의 고려요소로 될 수 있다는 **제한적 실체집중설** 등으로 나뉨

(2) 판 례

구주택건설촉진법상 주택건설사업계획승인처분취소 사건 등에서 절차집중설의 입장을 취함(대판 1992.11.10. 92누1162 등)

(3) 검 토

다수설과 판례의 입장인 절차집중설이 타당함

3. 불복쟁송의 대상

의제되는 인허가요건을 갖추지 못하여 신청한 주된 처분 내지 계획확정이 거부되어 쟁송으로 다투려는 경우 쟁송대상이 문제된다.

(1) 학 설

① 의제되는 인허가는 주된 처분의 구성요소에 불과하므로 주된 처분이 대상이라는 견해(주된 인허가설)와, ② 거부처분의 이유가 된 의제되는 인허가가 대상이라는 견해(의제되는 인허가설) 및 ③ 의제되는 인허가가 주된 인허가의 필요한 요건(구성요소)인 불가분의 관계인지에 따라 판단해야 한다는 개별적 검토설로 나뉜다.

(2) 판례 및 검토

건축법 제11조 제5항에 따른 인허가의제의 경우는 건축허가를(대판 2001.1.16. 99두10988), 주택법 제19조 제1항에 따른 인허가의 경우는 의제되는 인허가를 별도로 다툴 수 있다고 함(대판 2018.11.29. 2016두38792). 생각건대, 의제되는 인허가가 주된 인허가의 구성요건이면(불가분성) 주된 인허가이나 부분 인허가가 허용되는 경우에는 주된 인허가의 요건이 아니므로 각각 별개로 존재한다는 점에서 의제되는 인허가가 소의 대상이 된다고 할 것이므로 개별적 검토설이 타당

60 행정계획과 권리보호

<개 290, 연 172,181,186>

1. 계획재량과 형량명령

(1) 계획재량

행정계획의 수립과정에서 행정주체가 가지게 되는 계획상의 형성의 자유('목적-수단'에 대하여 정하는 목적 프로그램)

(2) 형량명령

계획재량에서 공익 상호간, 사익 상호간 및 공익과 사익 상호간에 정당한 형량을 하여야 한다는 원칙(계획재량의 통제법리)

(3) 형량하자

계획재량의 경우에도 형량명령을 위반한 경우를 형량하자라 하며, 이 경우 위법이 되어 사법통제의 대상이 된다. 형량하자의 유형은, ① 형량의 누락·해태, ② 형량의 흠결·부족, ③ 오형량 등이다.

2. 계획변경과 신뢰보호(계획보장

청구권)

(1) 의 의

계획보장청구권은 계획의 존속·준수의 청구와 경과조치·적합원조 등 대상조치의 청구 및 계획변경 등으로 인한 손해배상이나 손실보상을 청구하는 것을 총칭한다.

(2) 내 용

계획존속청구권, 계획준수청구권, 경과조치청구권, 계획변경폐지청구권, 손해전보청구권 등이 있다. 법규상 또는 조리상 이에 관한 신청권이 인정되는 경우에 인정될 수 있고, 손해배상은 국가배상법과 민법에 의하고, 손실보상은 개별법의 규정에 따른다.

3. 행정계획과 행정구제 [입시 31회]

(1) 행정쟁송

(가) 학설 : ① 행정계획의 법적 구속력은 법률이 부여한 부수적 효과에 그치는 것이므로 구체적 처분성을 갖지 아니한다고 하여 행정쟁송을 부인하는 소극설과, ② 처분의 위법성은 가급적 조기단계에서 시정함이 바람직하므로 행정계획의 효과가 추상적인 것이 아니라 구체적인 것인 이상 처분에 준하여 소송대상성을 인정해야 한다는 적극설이 대립한다.

(나) 판례 및 검토 : 판례는 "당해 도시계획시설결정에 이해관계가 있는 주민으로서는 도시시설계획의 입안권자 내지 결정권자에게 도시시설계획의 입안 내지 변경을 요구할 수 있는 법규상 또는 조리상의 신청권이 있고, 이러한 신청에 대한 거부행위는 항고소송의 대상이 되는 행정처분에 해당한다."고 판시하고 있는바(대판 2015.3.26. 2014두42742, 도시계획시설결정폐지신청거부처분취소), 처분성이 인정되는 행정계획은 항고쟁송을 인정한다.

(2) 손해전보

행정계획이 실체적으로나 절차적으로 위법한 경우에는 국가배상이 문제될 수 있고, 적법한 행정계획이 손실보상청구요건을 충족하는 경우에는 손실보상이 가능하다.

61 공법상 계약

<개 295, 연 194> [사시 59]

1. 의 의

공법적 효과의 발생을 목적으로 하는 복수당사자 사이의 반대방향의 의사표시의 합치에 의하여 성립하는 공법행위를 말함

2. 가능성과 자유성

(1) 가능성

법률이 행정주체의 우월한 의사력을 부여하고 있지 않은 경우에는 당사자 사이의 의사의 합치를 부정할 이유 없음

(2) 자유성

법령이 특히 인정하고 있는 경우에 한해 성립할 수 있다는 부정설과, 반드시 명시적인 법규적 근거 없이도 가능하다는 긍정설이 대립되는바, 강행법규에 저촉되지 아니하는 범위에서, 달리 특별규정이 없는 한 비권력행정분야에서 인정됨

3. 종 류

주체에 따라 행정주체 상호간의 계약(사무위탁, 경비분담 등), 행정주체와 사인간의 계약(영조물이용관계 설정, 도로

용지의 기증 등), 사인상호간의 계약이 있으며, 성질에 따라 대등계약과 종속계약으로 나눌 수 있다.

4. 계약의 변경 · 해지

당사자의 합의에 의한 계약은 변경 · 해지 · 해제가 가능하나, 사정변경 또는 상대방의 의무불이행에 따른 변경 · 해지는 공법상 계약의 공공성으로 인해 제약을 받음. 계약의 해지는 일방적으로 행해짐이 보통이나, 계약해지통보는 행정처분이 아니라 공법상 계약에 따른 의사표시이므로 이에 대한 불복은 취소소송이 아니라 공법상 당사자소송임

5. 계약의 하자

(1) 하자의 효과

(가) 학설 : ① 공법상 계약은 행정행위와 달라 공정력이 인정되지 아니하므로 무효로 된다는 무효설과, ② 계약의 내용상의 하자의 경우에는 공정력이 인정되지 않아 무효로 되나 계약의 의사표시상의 하자는 무효와 취소가 모두 인정될 수 있으며 민법상의 계약에 관한 규정이 적용된다는 취소가능설이 대립한다.

(나) 판례 및 검토 : 판례는 공법상 당사자소송으로 무효확인을 청구할 수 있다고 하여 무효설을 취하는바, 공법상 계약은 공정력이 인정되지 아니하므로 무효설이 타당하다.

(2) 일부무효의 효과

공법상 계약이 가분적이고 그 일부가 무효라면 나머지 부분은 유효할 것이나, 가분적이지 않다면 계약 전체가 무효가 된다.

6. 쟁송절차

공법상 계약에 관한 쟁송은 공법상 당사자소송에 의하여 행정소송법의 적용을 받음

62 행정지도

<개 304, 연 198>[5급 18년]

1. 의의

행정주체가 스스로 의도하는 바를 실현하기 위하여 상대방의 임의적 협력을 기대하여 행하는 비권력적 사실행위를 말함

2. 원칙 및 방식

(1) 행정지도의 원칙

① 과잉금지 원칙 및 임의성의 원칙(행정절차법 48①), ② 불이익조치금지의 원칙(동조②)

(2) 행정지도의 방식

① 투명성의 원칙 및 서면교부(동법 49①②), ② 의견제출(동법 50), ③ 공표(동법 51)

3. 법적 근거와 한계

(1) 법적 근거

조직규범은 필요하나, 작용규범인 개별적 · 구체적 법률의 근거는 불필요함

(2) 법적 한계

① 법규에 위반할 수 없고, ② 조직법상의 목적 · 임무 · 소관사무 · 권한의 범위를 넘을 수 없으며, ③ 조리상의 제한인 비례원칙 · 평등원칙 및 신의성실의 원칙의 구속을 받음

4. 행정구제

(1) 행정쟁송

행정지도는 원칙적으로 비권력적 사실행위이므로 쟁송대상이 아니다. 다만, 규제적·조정적 행정지도는 강제성과 계속성을 띠고 있으므로 처분성을 인정할 수 있고, 행정지도 불응을 이유로 부담적 처분이 행해진 경우나 행정지도에 따른 처분이 행해진 경우에는 행정지도의 하자를 이유로 후행처분을 다툴 수 있다.

(2) 행정상 손해전보

행정지도도 국가배상책임요건인 직무행위에 해당하여 국가배상이 가능하나 임의적 동의에 의한 경우에는 국가배상책임이 면제될 수도 있다.

63 행정절차의 적용범위 및 당사자 등

<개 317, 연 206>

1. 행정절차의 의의

행정청이 공권력을 행사하여 행정에 관한 제1차적인 결정을 함에 있어서 밟아야 할 일련의 외부와의 교섭과정을 말함(협의의 행정절차)

2. 적용제외사항(행정절차법 3②)

① 국회·지방의회·법원·헌법재판소·선거관리위원회·감사원 등의 의결·결정으로 행하는 사항(1~5호), ② 형사·행형·보안처분 관계 법령에 따라 행하는 사항(6호), ③ 국가의 중대한 이익을 해칠 우려가 있는 국가안전보장·국방·외교·통일에 관한 사항(7호), ④ 심사청구·해양안전심판·조세심판·특허심판·행정심판 그 밖의 불복절차에 따른 사항(8호), ⑤ 「병역법」에 따른 징집·소집, 외국인의 출입국·난민인정·귀화, 공무원 인사 관계 법령에 따른 징계와 그 밖의 처분, 이해 조정을 목적으로 하는 법령에 따른 알선·조정·중재·재정 또는 그 밖의 처분 등 해당 행정작용의 성질상 행정절차를 거치기 곤란하거나 거칠 필요가 없다고 인정되는 사항과 행정절차에 준하는 절차를 거친 사항으로서 대통령령으로 정하는 사항(9호)

3. 당사자의 지위승계

(1) 사망 및 법인의 합병에 따른 지위승계

당사자등이 사망한 때 및 법인등이 합병한 때에는 상속인 및 합병후 새로 설립된 법인등이 당사자등의 지위를 승계하며(동법11①②), 이 경우 지위승계인은 행정청에 그 사실을 통지한다(동조③).

(2) 양도양수에 따른 지위승계

양수인은 행정청의 승인을 받아 당사자등의 지위를 승계한다(동조④). 따라서 이 경우의 지위승계신고는 수리를 요하는 신고라 할 것이다.

64 처분의 사전통지(동법 21)

<개 321, 연 206> [사시 47회, 50회, 53회, 56회, 행시 54회, 57회, 변시 3회]

1. 의 의

행정청이 당사자에게 의무를 과하거나 권익을 제한하는 처분을 하는 경우에 미리 일정한 사항을 당사자등에게 통지하는 것을 말함

2. 대상처분 · 대상자

불이익처분(복효적 행정행위 포함, 거부처분은 견해대립) / 해당처분의 직접 상대방 및 해당 행정절차에 참여하게 된 이해관계인

3. 거부처분의 대상여부

(1) 학 설

① 신청거부는 권익제한 하는 것이 아니며 신청자체가 의견진술기회를 준 것으로 볼 수 있어 사전통지대상이 아니라는 부정설, ② 당사자는 신청에 따른 처분을 기대한 것이므로 거부처분은 불이익처분이므로 그 대상이라는 긍정설, ③ 신청서에 기재되지 아니한 사실에 근거한 거부나 거부처분으로 권익제한의 결과를 초래하는 경우에는 사전통지 대상이라는 제한적 긍정설이 대립됨

(2) 판 례

거부처분은 직접 당사자의 권익을 제한하는 것이 아니라고 하여 부정설을 취함

(3) 검 토

신청의견과 관련 없는 상황에 기초하여 거부하는 경우나, 외국인 국내체류기간 연장신청이나 광고물표시기간 갱신허가 신청의 거부에 따른 강제퇴거·이행강제금·대집행 등 권익제한·침해가 발생하는 경우에는 사전통지와 의견제시가 필요하므로 제한적 긍정설이 타당

4. 예 외

긴급한 경우, 처분요건인 자격이 상실된 경우, 처분의 성질상 의견청취가 현저히 곤란하거나 명백히 불필요한 경우 등에는 사전통지 생략 가능하며(동법 21④), 이 경우 처분시에 그 사유를 알려야한다(동조⑥)

65 의견제출(동법 22)

<개 324, 연 206> [변시 3회]

1. 의 의

행정청이 어떠한 행정작용을 하기 전에 당사자 등이 의견을 제시하는 절차로서 청문이나 공청회 이외의 절차를 말함(동법 2(7)).

2. 적용대상

당사자에게 의무를 과하거나 권익을 제한하는 처분 / 당사자가 포기의사를 명백히 하지 않는 한 사전통지 시의 행정청의 의무사항임

3. 방 법

서면이나 말로 또는 정보통신망, 증거자료 첨부 가능

4. 예외 및 포기

긴급한 경우 등 동법 제21조 제4항의 경우 예외가 인정되며, 포기한다는 뜻을 명백히 표시한 경우(22④), 정당한 이유 없이 의견제출기한까지 의견제출 없는 경우에는 의견이 없는 것으로 봄(27④)

5. 제출의견의 반영

제출의견이 상당한 이유 있으면 처분시에 반영해야 함(동법 27의2)

66 처분의 이유제시(동법 23)

<개 325, 연 217,332> [행시 56회]

1. 의 의

행정청이 처분을 할 때 당사자에게 해당 처분의 근거와 이유를 알려주는 것

2. 대상처분 및 제외사항

모든 행정처분 / 신청내용 모두 그대로 인정하는 처분, 단순반복적인 처분 또는 경미한 처분으로서 당사자가 그 이유를 명백히 알 수 있는 경우, 긴급 요하는 경우 등은 제외

3. 시점 및 내용

처분과 동시에 하며, 그 내용은 처분원인이 되는 사실과 근거법령

4 제시정도

① 당사자가 그 근거를 알 수 있을 정도로 상당한 이유이어야 하고, ② 충분히 납득할 수 있도록 구체적이고 명확하여야 하며, ③ 최종적인 판단에 이르게 된 논리적 과정을 알 수 있도록 적시되어야 함

5. 흠결의 효과

이유제시의 결여 및 불비의 처분은 위법

67 청문 및 공청회

<개 327> [입시 35회]

1. 청 문

(1) 의 의

행정청이 어떠한 처분을 하기 전에 당사자등의 의견을 직접 듣고 증거를 조사하는 절차를 말함(동법 2(5)).

(2) 청문의 실시요건 및 배제사유

(가) 청문실시의 요건 : 법령에 명문규정이 있는 경우와, 행정청이 필요하다고 인정하는 경우

(나) 청문배제사유 : ① 긴급히 처분이 필요한 경우, ② 처분요건인 자격이 상실된 경우, ③ 처분의 성질상 의견청취가 현저히 곤란하거나 명백히 불필요한 경우, ④ 당사자가 의견진술기회를 명백히 포기한 경우

(다) 협의에 의한 청문배제의 가능성 : ① 행정청과 당사자 사이의 협의에 의해 청문배제가 가능하다는 긍정설과, ② 적법절차보장과 행정의 적정한 판단 및 민주적 정당성 확보라는 청문의 목적에 비추어 협약으로 청문배제를 할 수 없다는 부정설(판례)이 대립된다. 생각건대, 협약에 의한 청문배제를 허용하면 우월한 지위에 있는 행정청이 악용할 수 있고, 청문에 관한 법령의 규정은 강행규정이라는 점에서 특별한 사정이 없는 한 부정설이 타당.

(3) 청문의 통지

청문이 시작되는 날부터 10일 전까지 청문사항을 당사자등에게 통지해야 함(동법 21②).

(4) 청문주재자의 선정 및 제척 · 기피 · 회피

청문주재자는 청문의 진행 및 증거조사 등 청문절차를 주재하는 자를 말함. 청문의 공정성과 직무상 독립성이 최대한 보장되도록 행정청은 청문주재자의 선정이 공정하게 이루어지도록 노력해야 한다(동법 28①). 청문주재자는 제척 · 기피 · 회피 등 일정한 경우 청문을 주재할 수 없다.

(5) 청문의 절차

① 청문의 진행(31), ② 증거조사(33),

③ 청문조서작성(34), ④ 의견서작성(34의2), ⑤ 청문의 종결(35), ⑥ 청문결과의 반영(35의2)

2. 공청회

공청회란 행정청이 공개적인 토론을 통하여 어떠한 행정작용에 대하여 당사자등, 전문지식과 경험을 가진 사람 그 밖의 일반인으로부터 의견을 널리 수렴하는 절차를 말함. 공청회 개최 14일 전까지 공청회개최에 필요한 사항 등을 당사자등에게 통지하고 공고 등의 방법으로 널리 알려야 한다(동법 38①).

68 행정절차의 하자의 효과

<개 334, 연 206,217> [사시 38(1996), 48,56,57회, 행시 55,58, 59회, 5급 18,20년, 변시 2,5회]

1. 절차하자의 독자적 위법성 여부

(1) 학 설

① 절차규정은 실체법적으로 적정한 처분을 확보하기 위한 수단에 불과하며, 실체법상 적법함이 명백한 이상 절차하자로 취소되더라도 적법한 절차를 거쳐 동일한 처분을 반복하게 된다는 이유로 절차하자의 존재만으로 해당 처분이 위법하게 되지 않는다는 **소극설**, ② 적정한 결정은 적정한 절차가 전제되어야 하며, 절차하자에도 불구하고 해당 처분이 유효하게 된다면 절차요건을 규정한 법령이 무의미하게 된다고 하여 절차하자만으로 해당 처분이 위법하게 된다는 **적극설**(다수설, 판례), ③ 재량행위는 절차상의 하자로 독자적 위법사유로 될 수 있으나 기속행위는 실체적 하자가 없는 한 절차만으로 위법사유로 되지 않는다는 **절충설** 등으로 견해 나뉨

(2) 판 례

"침해적 행정처분을 하면서 사전통지나 의견제출기회를 주지 않았다면 **그** 예외적인 경우가 아닌 한 그 처분은 위법하여 취소를 면할 수 없다"고 하여 적극설을 취함(대판 2007.9.21. 2006두20631 등)

(3) 검 토

법치행정의 원리와 절차적 정의의 입장에서 적극설이 타당하다.

2. 절차하자의 위법성 정도

(1) 학 설

① 법치행정의 원리와 절차적 정의를 중시하여 원칙적으로 무효원인으로 보아야 한다는 **무효설**과, ② 행정절차는 실체법상의 목적을 합리적으로 달성하고자 하는 수단에 불과한 점에서 중대·명백한 절차하자 이외에는 원칙적으로 취소원인에 불과하다는 **취소설**이 대립됨

(2) 판례 및 검토

판례는 취소설을 취하는바, 취소설이 타당함.

3. 행정절차의 하자의 치유

(1) 절차하자의 치유가능성여부

(가) 학설 : ① 행정절차를 행정의 자의를 억제하여 사인의 권리구제를 조기에 보장하기 위한 것으로 보아 절차하자의 치유를 인정하지 않는 **부정설**, ② 행정처분의 무용한 반복을 피하고 당사자의 법적 생활안정을 기한다는 입장에서 국민의 권익침해를 하지 않는 범위에서 구체적 사정에 따라 합목적적으로

인정해야 한다는 긍정설, ③ 하자치유를 인정하되 해당 처분의 형식 또는 절차의 본질적 의의를 손상하지 아니하는 범위에서 제한적으로 인정하는 **제한적 긍정설** 등이 대립됨

(나) 판례 : 청문서 도달기간 흠결의 치유를 인정하는 등 긍정설을 취함(대판 1992.10.23. 92누2884 등)

(다) 검토 : 절차하자의 치유를 인정하되, 당사자의 권익침해가 없는 한도에서 사항적·시간적으로 한정하여 인정함이 타당(제한적 긍정설).

(2) 절차하자의 치유시점

행정쟁송 제기 전까지 가능

69 행정정보공개

<개 337, 연 225,236> [사시 48회, 행시 53,59회]

1. 정보공개청구권자

모든 국민(공공기관의 정보공개에 관한 법률 5①), 법인 및 권리능력 없는 사단·재단의 경우 및 설립목적 불문하므로 시민단체 및 외국인도 일정한 경우 포함. 오로지 상대방을 괴롭힐 목적 등 특별한 사정이 없는 한 정보공개청구가 권리남용에 해당되지 않음

2. 공공기관의 범위 및 의무

국가기관, 지방자치단체, 「공공기관의 운영에 관한 법률」 제2조에 따른 공공기관, 그 밖에 대통령령으로 정하는 기관(동법 2)

3. 비공개대상정보 [행시 53회, 55회, 59회]

(1). 공개대상정보

공공기관이 보유·관리하는 정보(동법 9①)

(2) 비공개대상정보의 내용

공공기관이 공개를 거부할 수 있는 정보(동법 9① 1~8호). 즉, ① 다른 법률 또는 법률에서 위임한 명령(국회규칙·대법원규칙·헌법재판소규칙·중앙선거관리위원회규칙·대통령령 및 조례에 한한다)에 따라 비밀 또는 비공개 사항으로 규정된 정보(1호), ② 국가안전보장·국방·통일·외교관계 등에 관한 사항으로서 공개될 경우 국가의 중대한 이익을 현저히 해칠 우려가 있다고 인정되는 정보(2호), ③ 공개될 경우 국민의 생명·신체 및 재산의 보호에 현저한 지장을 초래할 우려가 있다고 인정되는 정보(3호), ④ 진행중인 재판에 관련되는 정보와 범죄의 예방·수사·공소제기 및 유지·형의집행 등에 관한 사항으로서 공개될 경우 그 직무수행을 현저히 곤란하게 하거나 형사피고인의 공정한 재판을 받을 권리를 침해한다고 인정할 만한 상당한 이유가 있는 정보(4호) 등 8호까지의 정보

(3) 비공개여부의 판단기준과 비공개사유의 입증

(가) 비공개여부의 판단기준 : 공개로 달성될 수 있는 공·사익과 비공개로 하여야 할 공·사익 비교·교량하여 구체적 사안에 따라 개별적으로 결정. 제3자와 관련되는 경우 의견청취

(나) 비공개사유의 입증 등 : 정보기관은 비공개사유 해당여부의 주장·입증해야하고, 개괄적인 사유로 전부의 공개거부는 불허(판례)

4. 정보공개내용의 특정

청구대상정보의 내용과 범위를 확정할 수 있을 정도로 특정함을 요함. 공공기관은 불특정을 이유로 공개거부를 할 것이 아니라, 청구인에게 공개정보의 내용을 특정할 것을 요청한 다음 특정한 내용에 대해 공개해야 함(대판 2007.6.1. 2007두2555 등)

5. 정보공개방법

(1) 청구한 공개방법에 기속

정보공개를 청구한 자는 정보공개방법을 지정하여 청구할 수 있고(동법 13②, 15①②), 이 경우 공공기관은 공개방법에 선택재량권이 없음

(2) 예외적 공개방법의 선택

공개대상정보의 양이 과다하여 정상적인 업무수행에 현저한 지장을 초래할 우려가 있는 경우에는 정보의 사본·복제물을 일정한 기간별로 나누어 교부하거나 열람과 병행하여 교부할 수 있다(동법 13②).

6. 부분공개

비공개정보와 공개 가능한 정보가 혼합되어 있는 경우로서 공개청구의 취지에 어긋나지 아니하는 범위에서 분리할 수 있는 경우에는 비공개대상정보에 해당하는 부분을 제외하고 공개해야 함(동법 14).

정보공개여부에 대한 불복구제

<개 348, 연 225> [행시 55회]

1. 이의신청

(1) 이의신청제기

청구인은 공공기관의 비공개·부분공개에 대한 불복이 있거나 정보공개결정이 없는 때에는 정보공개여부의 통지를 받은 날부터 또는 정보공개청구 후 20일이 경과한 날부터 30일 이내에 해당 공공기관에 문서로 한다(동법 18①).

(2) 이의신청의 결정

공공기관은 정보공개심의회를 개최하고 이의신청을 받은 날부터 7일 이내에 결정하여 그 결과를 청구인에게 문서로 통지한다.

2. 행정심판

(1) 행정심핀의 칭구

정보공개결정에 대한 불복 또는 정보공개청구 후 20일이 지나도 결정이 없는 때에는 행정심판법에 따라 심판청구를 할 수 있다(동법 19①).

(2) 행정심판위원회의 비밀유지의무

행정심판위원은 공개여부결정에 관해 직무상 알게 된 비밀을 재직 중은 물론 퇴직 후에도 누설해서는 아니 된다.

3. 행정소송

(1) 행정소송의 제기

정보공개결정에 대한 불복 또는 정보공개청구 후 20일이 지나도 결정이 없는 때에 제기할 수 있다(동법 20①).

(2) 원고적격 및 소의 이익

정보공개거부나 무응답의 경우 모든 국민은 원고적격이 성립되나, 대상정보의 폐기 등 해당 정보를 공공기관이 보유·관리하지 않게 된 경우에는 소의 이익 없다.

(3) 해당 정보의 불제출 허용

소의 대상 정보가 정보공개법 제9조 제

1항 제2호의 국가안전보장·국방·외교에 관한 정보인 경우 공공기관이 비공개사유 등을 입증하면 해당 정보를 제출하지 아니하게 할 수 있다.

4. 국가배상청구

청구인은 정보공개거부에 따른 손해에 대한 국가배상청구 가능

5. 제3자의 보호수단

① 자기정보의 비공개 요청, ② 행정쟁송의 제기, ③ 집행정지의 신청, ④소송참가, ⑤국가배상청구 등을 할 수 있음

71 대집행

<개 361, 연 254> [사시 52회, 58회, 행시 49회, 56회]

1. 의 의

대체적 작위의무 불이행의 경우에 당해 행정청이 의무자가 행할 행위를 스스로 행하거나, 제3자로 하여금 행하게 하고 그 비용을 의무자로부터 징수하는 것을 말함 / 행정대집행법

2. 대집행권자

당초의 의무를 명하는 행정행위를 한 처분청 및 제3자에게 위탁 가능

(1) 자기집행의 법률관계

행정청이 스스로 행하는 경우로서, 의무자와는 공법관계

(2) 타자집행위 법률관계

제3자가 행하는 관계로, ① 제3자의 성질에 대해 공무수탁사인설과 행정보조자설(다수설), ② 의무자는 행정청에게 비용납부의무가 성립하나 제3자와는 대집행행위의 수인의무 부담

3. 대 상

(1) 의무의 존재와 대체성

법령 또는 법령에 의거한 처분에 의하여 명하여진 공법상 의무가 존재하고, 그 의무는 타인이 하여도 의무자가 스스로 한 것과 마찬가지의 행정상 필요한 상태를 실현할 수 있는 **대체적 작위의무**라야 함

(2) 부작위의무의 작위의무로의 전환

부작위의무를 작위의무로 전환 후 그 작위의무위반을 이유로 대집행 가능. 이 경우 법치행정의 원리상 작위의무로 전환할 수 있는 근거규정 필요

(3) 토지·물건의 인도의무의 경우

토지·물건은 대체성이 없어 물건 자체나 점유자에 대한 물리력 행사 외에 대집행 불가하며, 인도거부의 경우 그 신체에 대한 실력행사로 점유를 푸는 방법이 있을 수 있음(형법상 공무집행방해죄 적용 통한 실현 등)

(4) 수용목적물의 인도·이전의 대행 및 대집행

토지보상법상 대행(44) 및 대집행(89) 규정에 대해, ① 대체적 작위의무가 아니므로 대집행 불가하다는 소극설과, ② 이 규정은 행정대집행법 제2조의 예외규정으로 보고 가능하다는 적극설(다수설) 대립. 판례는 소극설로 보이나(대판 2005.8.19. 2004다2809), 생각건대 공익사업의 원활한 수행을 위한 예외규정이라 할 것이므로 적극설이 타당

4. 요 건

① 대체적 작위의무의 불이행, ② 다른

수단으로 그 이행을 확보하기 곤란할 것(보충성 내지 비례원칙 적용), ③ 불이행을 방치함이 심히 공익을 해치는 것으로 인정될 것(이익형량에 따라 신중히)

5. 절 차

(1) 대집행의 계고

(가) 의의 및 성질 : 대집행을 하려면 상당한 이행기한을 정하여, 그 때까지 이행하지 아니하면 대집행 한다는 뜻을 미리 문서로 알려야(3①). / 이행촉구와 강제집행 수인요구의 예고행위이며, 후속행위를 적법하게 하는 절차상 효과

(나) 요건 : ① 계고시 대집행요건 충족되어야 하고, ② 상당한 이행기한 정해야 하며, ③ 문서로 해야 하고, ④ 이행할 의무의 내용과 범위를 구체적으로 특정해야 함(다만 전후사정으로 그 범위를 알 수 있는 정도이면 됨)

(다) 원처분과 계고의 결합가능성 : 계고요건은 계고시 충족되어야 하나, ① 의무 불이행이 예견되고 이를 제거해야 할 긴급한 필요가 인정되거나, ② 충분한 이행기한이 주어졌다고 판단되는 경우에는 원처분과 계고를 동시에 할 수 있음

(2) 대집행영장에 의한 통지

지정기한까지 불이행의 경우 대집행영장에 의하여 대집행의 시기·대집행 책임자의 성명 및 대집행 비용의 개산액을 의무자에 통지 / 대집행의 시기와 내용이 정해지고 수인의무 확정됨(취소소송 대상)

(3) 대집행의 실행

(가) 의의 및 성질 : 영장에 기재된 시기에 대집행책임자가, 증표휴대하고 이해관계자에게 제시, /사실작용 / 수인의무

(나) 실력행사 : 항거의 경우 실력행사 여부에 대해, 필요한 최소한의 실력행사는 가능하다는 긍정설과 입법적 해결되기 전에는 부인된다는 부정설이 대립됨. 판례는 "건물철거의무에 퇴거의무도 포함되어 대집행과정에서 부수적으로 퇴거조치 할 수 있다"고 하여 긍정설 취함. 판례와 같이 긍정설이 타당

(4) 비용징수

대집행에 소요된 일체의 비용을 당해 행정청이 의무자로부터 징수 / 문서로 납입고지 / 납기일까지 불납의 경우 국세체납처분의 예에 따라 강제징수

6. 대집행에 대한 구제

(1) 행정심판 및 행정소송

대집행실행 전의 계고 및 통지는 쟁송대상인 처분성이 인정되며, 대집행실행 후에는 소의 이익이 없음이 보통이나 소익이 있으면 쟁송가능하고, 비용징수에 대한 항고쟁송은 가능함

(2) 반복된 계고

2차, 3차의 계고는 새로운 처분 아니고 연기통지에 불과하여 1차 계고만 소의 대상임

(3) 하자의 승계

의무부과처분과 대집행절차는 각각 별개의 효과를 발생하는 행위이므로 하자승계가 부인되나, 대집행절차의 선·후행절차는 의무의 강제이행이라는 동일 목적이므로 하자승계가 인정됨

(4) 손해배상 및 결과제거청구

대집행 후에 손해배상 및 원상회복 가능하며, 위법상태제거를 위한 결과제거청구도 가능함

72 이행강제금(집행벌)

<개 368, 연 260>

1. 의의 및 성질

일정 기한까지 행정상 작위의무 또는 부작위의무를 불이행 하는 경우에 일정한 금전지급을 과할 뜻을 미리 계고함으로써 의무자에게 심리적 압박을 주어 장래에 의무이행을 확보하려는 간접적인 강제집행수단 / 행정벌과 목적 달라 병과 가능

2. 근 거

개별법(건축법 80, 독점규제및공정거래에관한법률 17조의3 등)

3. 요 건

① 행정상 작위의무 또는 부작위의무의 불이행 있고, ② 상당한 기간 내에 이행하도록 시정명령을 하였고, ③ 위 기간 내에 시정명령의 불이행이 있을 것(일반적으로 이행할 때까지 반복부과가 가능하나, 건축법의 경우는 부과할 때마다 먼저 시정명령 해야)

4. 부과절차

① 계고 → ② 부과(금액·사유·납부기한·수납기관·불복방법을 문서로, 반복부과 가능) → ③ 강제징수

5. 불 복

일반적으로 행정쟁송 가능 /농지법에서는 비송사건절차법에 의함

73 직접강제

<개 372, 연 260>

1. 의의, 성질, 근거

행정상 의무불이행의 경우 직접 의무자의 신체 또는 재산에 실력을 가하여 의무의 이행이 있었던 것과 동일한 상태를 실현하는 작용/ 개별법/ 비용징수 없음

2. 요 건

① 의무불이행, ② 정해준 이행기간 내에 시정명령 불이행, ③ 대집행·이행강제금으로 의무확보 불가(보충성)

3. 한 계

긴급한 필요 또는 무자력 등의 경우 대집행 또는 이행강제금으로 목적달성 곤란할 경우에 한해 보충적으로 인정 / 과잉금지원칙의 준수하에 최후수단

4. 절 차

① 계고(이행기한 정하여 그 때까지 불이행시 직접강제 한다는 뜻 문서로), ② 통지(사유·시기를 문서로), ③ 실시(집행책임자의 증표제시, 강제퇴거·강제대피·폐쇄조치 등)

5 구 제

처분성 인정, 소의 이익 있는 경우 쟁송제기 가능, 손해배상청구

74 행정상 강제징수

<개 373>

1. 의의와 근거

행정법상 금전급부의무 불이행의 경우에 행정청이 의무자의 재산에 실력을 가해 그 의무가 이행된 것 같은 상태를 실현하는 것 / 국세징수법, 지방세징수

법, 지방행정제재·부과금의 징수등에 관한 법률

2. 절 차

(1) 독 촉

납기경과 10일 이내에 문서로 / 시효중단의 효과

(2) 강제징수

(가) 재산압류 : 납세의무자의 재산의 사실상 및 법률상 처분을 금지하여 그것을 확보하는 강제보전행위 임/ 요건(독촉장 및 납부고지 받고 지정기한까지 불납시 세무서장이 행함)/ 대상(의무자의 소유, 금전적 가치와 양도 가능한 재산, 생활필수품은 제한됨)/ 효력(압류재산의 법률상·사실상 처분금지, 시효중단 발생)/ 해제(납부·충당·공매중지·부과취소 그 밖의 사유로 압류 불필요하게 된 경우)

(나) 매 각 : 압류재산을 금전으로 환가하는 것, 사법상 계약설이 있으나 행정행위설(공법상 대리)이 다수설/ 방법과 절차(매각예정가격 결정--> 공매의 공고--> 공매통지--> 공매)

(다) 청 산 : 공매처분에 의한 매각대금, 체납처분비·국세·가산금 순서로 충당

3. 불 복

국세기본법에 의함(행정심판법 부적용, 조세심판전치주의)

75 행정상 즉시강제

<개 377> [사시 58회(경찰상 즉시강제)]

1. 의의·근거

목전에 급박한 행정상 장해를 제거할 필요가 있는 경우에 미리 의무를 명할 시간적 여유가 없거나 그 성질상 의무를 명하는 것으로는 목적달성이 곤란할 때 직접 국민의 신체 또는 재산에 실력을 가하여 행정상 필요한 상태를 실현하는 작용 / 경찰관직무집행법, 개별법

2. 한 계

(1) 실체적 한계

엄격한 법적 근거와 조리상 한계(급박성의 원리, 보충성의 원리, 비례성의 원리, 소극성의 원리)

(2) 절차적 한계(영장주의 여부)

헌법 제12조와 제16조에 따른 영장주의 여부

(가) 학 설 : ① 헌법상의 영장주의는 형사사법권에 적용되는 것이므로 급박한 사태에 발동되는 행정권의 작용인 즉시강제에는 원칙적으로 적용이 없다고 하는 **영장불요설**(소극설), ② 영장주의는 널리 통치권의 부당한 행사로부터 국민의 자유와 권리를 보장하기 위한 절차적 보장수단이므로 원칙적으로 적용된다는 **영장필요설**(적극설), ③ 영장주의는 권력억제와 기본권보장을 위해 행정권행사에도 적용되지만 행정목적달성에 불가피하다고 인정할 만한 합리적인 이유가 있는 특수한 경우에는 예외를 인정하고자 하는 **절충설**이 대립된다.

(나) 판례 및 검토 : 판례는 절충설을 취하는바, 영장주의의 취지와 행정목적의 달성이라는 요구를 조화하는 점에서 절충설이 타당

(다) 증표제시 : 해당 법률에 증표제시 규정 있으면 영장 불필요. 집행책임자임을 표시하는 증표제시, 즉시강제의 이유·내용 고지

3. 수 단

(1) 대인적 강제

경찰관직무집행법상의 보호조치·위험발생방지조치·범죄의 예방과 제지·경찰장비사용 등이 있고, 각 단행법상 강제수용, 원조강제, 강제건강진단, 교통차단 등이 있다.

(2) 대물적 강제

경찰관직무집행법상 물건의 임시영치·위험발생방지조치와, 각 단행법상 물건의 사용·변경·제거·폐기·압수 등이 있다.

(3) 대가택강제

경찰관직무집행법상 위험방지를 위한 가택출입 등이 있다.

4. 불복구제

(1) 적법한 즉시강제의 경우

손실보상청구가 가능

(2) 위법한 즉시강제의 경우

소의 이익이 있는 경우 행정쟁송이 가능하고, 재산상 손실이 있는 경우 행정상 손해배상청구가 가능하며, 인신보호법에 의한 구제도 가능하다.

76 행정조사

<개 382, 연 267> [사시 56, 57회, 변시 7회, 법행 35회]

1. 개념·근거

행정기관이 정책을 결정하거나 직무수행에 필요한 정보나 자료를 수집하기 위한 일체의 활동 / 행정조사기본법 및 개별법

2. 종 류

강제조사·임의조사, 직접조사·간접조사, 정기조사·수시조사, 대인·대물·대가택 조사

3. 한 계

(1) 실체적 한계

법령적합성 원칙, 행정조사의 기본원칙(비례원칙, 목적적합성, 행정조사중복금지, 법령준수유도중점, 비밀준수, 조사목적외 이용금지)

(2) 절차적 한계

(가) 영장주의와의 관계 : ① 강제조사의 경우에 영장필요설, 불필요설, 절충설(영장주의가 원칙이나 행정목적 달성에 불가피한 경우 사후영장 등 예외인정, 다수설,판례)이 대립되며, ② 임의조사의 경우 상대방의 협력을 전제하므로 영장주의 문제 발생하지 아니함

(나) 증표의 제시 : 행정조사기본법상 증표제시의무를 지며(동법 11③), 이로 인해 피조사자는 수인의무 발생. 해당 행정조사의 근거법에 증표제시 규정 있으면 영장주의 부적용

(다) 실력행사여부 : 협조를 얻어 하는 임의조사는 문제되지 아니하나, 강제조사의 경우 조사거부에 대한 명문상의 벌칙 외에 명문규정이 없음에도 실력행사로 강제조사 가능한지 문제됨. 즉 ① 강제조사의 방해를 배제하는 것은 강제조사의 범위에 포함된다는 긍정설과, ② 직접적인 강제수단을 규정하지 않고 벌칙규정이나 불이익처분규정을 두고 있는

취지는 조사의 실효성을 확보하려는 것이므로 직접적인 실력행사를 부정하는 **부정설**이 대립된다. 생각건대, 법치행정의 원리상 법적 근거가 있어야 한다는 점에서 부정설이 타당하다(다수설).

4. 절 차

(1) 조사계획 수립 및 조사대상 선정

(2) 조사방법

출석・진술요구, 보고・자료제출요구, 현장조사, 시료채취,

(3) 조사실시

개별조사계획수립, 조사의 사전통지, 의견제출, 조사결과통지,

(4) 자율관리체제구축

5. 불복구제

(1) 위법한 행정조사의 효과

위법한 행정조사에 근거한 행정결정의 위법여부

(가) 학설 : ① 행정조사는 행정결정을 위한 절차로 보아 행정조사의 위법은 절차하자로 행정결정의 위법으로 보는 **적극설**, ② 행정조사는 법령에서 특히 행정결정의 전제조건으로 규정한 경우를 제외하고는 별개의 제도라 할 것이므로 행정조사의 위법이 바로 행정결정의 위법으로 되지 않는다는 **소극설**, ③ 행정조사와 행정결정은 하나의 과정을 구성하는 것이므로 행정조사에 중대한 위법사유가 있으면 행정결정도 위법하다고 보는 **절충설**이 대립한다.

(나) 판례 : 위법한 세무조사에 기초한 과세처분은 위법이라고 하여 적극설을 취한다(대판 2014.6.26. 2012두911, 국세부과취소).

(다) 검토 : 위법한 행정조사를 기초로 내려진 행정결정은 절차하자로 원칙적으로 위법하다고 보아 적극설이 타당하다.

(2) 위법한 행정조사에 대한 불복

(가) 행정쟁송 : 행정조사는 그 성질상 단기간에 상황이 종료되어 소의 이익이 없는 경우가 보통이며, 임의조사인 경우에는 처분성을 결하여 소의 대상이 되지 않는다. 다만, 행정조사결정이 강제조사를 수인해야 할 법적 의무를 부담하게 하는 경우에는 분쟁의 조기해결을 위해 항고쟁송의 대상이 되고(판례), 행정조사가 장기간에 걸치거나 행정조사의 취소로 회복되는 법률상 이익이 있는 경우에는 행정쟁송이 가능하며, 행정조사로 회복할 수 없는 손해발생의 우려가 긴급한 경우에는 집행정지 신청도 가능하다.

(나) 행정상 손해배상 : 위법한 행정조사로 재산상 손해를 입은 경우에는 국가 또는 지방자치단체에 손해배상을 청구할 수 있다.

(3) 적법한 행정조사에 대한 불복

적법한 행정조사로 재산권에 대한 특별한 희생이 발생한 경우에는 손실보상청구가 인정된다.

77 행정벌

<개 391, 연 279>

1. 의 의

행정법상의 의무위반에 대하여 일반통치권에 의거하여 과하는 제재로서의 처벌을 말함

2. 성 질

(1) 징계벌 및 이행강제금과 구별

징계벌은 특별권력관계의 내부질서유지를 위한 특별권력복종자에게 과하고, 이행강제금은 행정상 의무불이행에 대해 장래의 이행을 강제한다는 점에서, 일반통치권에 의거하여 과거 행정의무위반자에 과하는 처벌이라는 점에서 구별된다.

(2) 형사벌과 구별

행정형벌과 형사벌의 구별을 부인하는 부정설도 있으나, 구별을 인정하는 긍정설도 피침해이익의 성질을 기준으로 하는 견해(형사범은 법익침해로서의 위법행위이고 행정범은 반행정적 행위)와 피침해규범의 성질을 기준으로 하는 견해(형사범은 반도덕성·반윤리성을 갖는 자연범이고 행정범은 행정목적을 위한 국가의 명령위반의 법정범)로 나뉜다.

3. 근 거

죄형법정주의가 적용되며, 개별법 및 질서위반행위규제법(과태료의 일반법)

4. 종 류

(1) 행정형벌

행정법규 위반자에게 당해 행정법규의 처벌규정에 따라 형법에 규정된 형벌을 과하는 행정벌임 / 형법총칙이 적용되고 형사소송법절차에 따라 과함

(2) 행정질서벌

행정법규 위반자에게 당해 행정법규의 처벌규정에 따라 형법에 없는 과태료가 과하여지는 행정벌을 말함/ 질서위반행위규제법에 따라 행정청이 부과함

(3) 조례에 의한 과태료

지방자치법(27, 139)에 따라 조례로 정하는 과태료

78 통고처분

<개 397, 연 267>

1. 의 의

조세범·관세범·출입국관리사범·교통사범 등에 정식재판에 갈음하여 절차의 간이·신속을 주안으로 하여 행정청이 일정한 벌금 또는 과료에 상당하는 금액의 납부를 명하는 준사법적 행정행위 / 지정금액 납부로 형사소추를 면하게 하는 형사벌의 대체처분임

2. 성 질

(1) 학 설

① 상대방의 임의적 협력을 요건으로 하는 형사벌이라는 **과벌절차설**과, ② 법정기간 내에 납부하지 않는 것을 해제조건으로 하는 행정기관에 의한 금전부과행위라는 **행정행위설**이 대립됨

(2) 판 례

범칙금을 이행하지 아니함으로써 즉결심판에 의한 법원의 심판을 받는다고 하여 과벌절차설을 취함

(3) 검 토

형사벌의 대체처분으로서 불이행의 경우 즉결심판절차에 따른다는 점에서 과벌절차설이 타당(다수설)

4. 절 차

범칙금납부통고서 발부하고, 이 경우 법칙자는 15일 이내 납부해야 함

5. 효 과

통고처분에 따른 이행은 확정판결에 준

하는 효력발생 / 이중처벌금지원칙 및 일사부재리의 원칙 적용되어 다시 소추하지 못함

6. 통고처분 불이행 및 불복

15일 이내에 이행하지 않으면 통고처분 효력은 상실하며, 고발절차에 의한 형사소송절차로 이행 / 행정쟁송 불가

79 행정질서벌의 과벌절차

<개 401, 연 267,290>

1. 질서위반행위의 성립

통칙적 규정인 질서위반행위규제법에 따라, ① 질서위반행위의 법정주의(동법 6), ② 고의·과실 및 위법성 착오(동법 7,8), ③ 책임능력(동법 9,10) 등을 규정함

2. 행정청의 과태료 부과 및 징수

(1) 사전통지 및 의견제출 등

당사자에게 사전통지하고, 10일 이상 기간을 정하여 의견제출기회를 주어야 함(동법 16①)

(2) 과태료부과

의견제출절차를 마치 후 서면으로 질서위반행위·과태료금액을 명시하여 부과(동법 17) / 과태료부과의 소멸시효는 5년임

(3) 이의제기

과태료부과에 불복하면 과태료부과통지를 받은 날부터 60일 이내에 해당 행정청에 서면으로 이의제기 할 수 있으며, 이 경우 과태료부과처분은 효력 상실함(동법 20①②).

(4) 법원에의 통보

이의제기가 철회되거나 과태료에 처할 필요가 없는 경우 외에는, 이의제기를 받은 날부터 14일 이내에 의견 및 증빙서류를 첨부하여 법원에 통보하고, 당사자에게 알려야(동법 21①②③).

3. 질서위반행위의 재판 및 집행

(1) 관할법원

당사자의 주소지의 지방법원 또는 그 지원

(2) 재판절차

질서위반행위규제법에 따라 법원은 심문기일을 열어 당사자의 진술을 들어야 하고 검사의 의견을 구해야 함(동법 31,32). 당사자와 검사는 과태료재판에 즉시 항고할 수 있음

(3) 재판의 집행

검사의 명령으로 집행하며, 그 집행절차는 민사집행법에 따르거나 국세 또는 지방세 체납처분의 예에 따른다(동법 42②). 검사는 과태료를 부과한 행정청에 그 집행을 위탁할 수 있다.

4. 행정질서벌의 실효성 제고

(1) 관허사업의 제한

과태료를 3회 이상 체납하고 체납발생일부터 각 1년이 경과하였고 체납금액 합계가 500만원 이상인 체납자 중 대통령령으로 정하는 횟수와 금액 이상의 체납자에게 사업의 정지 또는 허가 등의 취소를 할 수 있다(동법 52①). 허가 등을 요하는 사업의 주무관청이 따로 있는 경우에는 행정청은 당해 주무관청에 대하여 사업의 정지 또는 허가 등의 취소를 요구할 수 있고, 이 경우 당해 주무관청은 정당한 사유가 없는 한 이에 응해야 한다(동조②④).

(2) 신용정보의 제공, 고액·상습체납자에 대한 제재

조례에 의한 과태료의 과벌절차

<개 403>

1. 지방자치법 제34조에 의한 절차

조례 위반행위에 대하여 조례로써 1천만원 이하의 과태료 정할 수 있고, 해당 지방자치단체의 장이 부과·징수한다. 이에 대한 불복은 행정쟁송에 의함

2. 지방자치법 제156조에 의한 절차

사기 등 부정한 방법으로 사용료·수수료·분담금 징수를 면한 자에 대해 그 징수를 면한 금액의 5배 이내, 공공시설 부정 사용한자에 대하여 50만원 이하의 과태료, 이 경우 과태료의 부과·징수, 재판 및 집행 등은 '질서위반행위규제법'에 따름

81 과징금

<개 407, 연 295> [사시 48회, 입시 33회]

1. 의 의

행정법상 의무위반에 대한 제재로서 국민에게 부과·징수하는 금전부담을 말함

2. 유 형

(1) 본래적 의미의 과징금

「독점규제 및 공정거래에 관한 법률」에 의한 시정조치에 불응한 때 부과하는 과징금 / 의무위반으로 인한 경제적 이득을 흡수하려는 부당이득환수적인 것(불법적 이익의 박탈인 행정제재금)

(2) 변형과징금

사업정지 등에 갈음하여 부과하는 행정제재금 / 사업정지 등이 주민생활, 대외적 신용, 고용, 물가 등 국민경제 그 밖에 공익에 현저히 지장초래 우려가 인정되는 경우

3. 형벌과 병과

제재대상이 되는 기본적 사실관계, 보호법익, 목적 및 처분대상 등을 달리하므로 이중처벌금지원칙에 위배되지 않음

4. 부과·징수

행정상 의무를 명한 행정청이 부과, 국세징수법에 의해 징수 / 고의·과실 불요

5. 구제수단

과징금부과행위는 행정행위이므로 행정쟁송절차에 의함

82 가산금·중가산금·가산세

<개 409, 연 279>

1. 의의, 성질, 근거

(1) 가산금

행정상 급부의무 위반자에 대한 금전부담(간접강제·지연배상금의 성질),

(2) 중가산금

가산금에 가산하여 납부기한 경과일부터 매 1월 경과할 때마다 부과징수(이행강제금의 일종) / 질서위반행위규제법

24, 「지방행정제재・부과금의 징수 등에 관한 법률」 4, 「보조금 관리에 관한 법률」 33의2④ 등

(3) 가산세

납세자가 정당한 이유 없이 법정 신고, 납세 등 각종 의무를 위반한 경우 개별세법이 정한 바에 따라 부과 / 국세기본법 47, 소득세법 81,115

2. 부과・징수

조세체납의 경우 납부기한 경과일부터 체납조세의 100분의3에 상당하는 가산금과, 매 1개월 마다 체납조세의 1천분의 12에 상당하는 중가산금 징수

3. 쟁송수단

국세기본법상의 심사청구 또는 심판청구를 거쳐 취소소송 제기, 질서위반행위규제법상의 가산금・중가산금은 당해법에 따름

83 공 표

<개 413>

1. 의의, 성질, 근거

행정법상 의무위반의 사실을 널리 알리도록 함으로써 상대방의 명예・신용의 침해를 위협하여 의무이행을 간접적으로 강제하는 수단 / 단순한 사실행위로서의 통지 / 국세기본법, 식품위생법, 아동・청소년의성보호에관한법률 등

2. 한 계

프라이버시 침해로 법적 근거와 조리상 한계(비례원칙, 부당결부금지원칙)

3. 구 제

행정쟁송 가능성(부정설(소익 없음), 긍정설(공권력행사 해당), 입법론으로 예방적 금지소송 필요), 손해배상청구 등

84 관허사업의 제한

<개 404, 연 279>

1. 의 의

기왕에 행정상 의무위반자에게 주어진 인허가 등 수익적 행정행위를 철회하거나 정지함으로써 불이익을 주어 의무이행을 간접적으로 강제하는 수단을 말함

2. 종 류

(1) 조세체납으로 인한 관허사업제한

세무서장이 인허가 주무관서에 조세체납자에 대한 인허가를 하지 아니할 것 요구할 수 있고, 주무관서는 이에 응해야 함(국세징수법 112①, 지방행정제재・부과금의 징수 등에 관한 법률 7의2①)

(2) 과태료체납으로 인한 관허사업제한

질서위반행위규제법에 따라 사업의 정지 또는 허가의 취소, 당해 주무관서는 이에 응해야 함(질서위반행위규제법 52)

(3) 그 밖에 행정법상 의무위반으로 인한 관허사업제한

개별법상 의무위반자에 인허가 등 수익적 행정행위의 철회・정지 및 영업장 폐쇄조치 등

3. 고의・과실 여부 및 형벌과 병과

행정법규 위반이라는 객관적 사실에 착안한 것이므로 고의・과실 불요, 권력적 기초・목적・대상 달리하므로 병과 가능

4. 법적 성질

(1) 관허사업제한의 법적 성질

관허사업제한의 요구에 응하는 것은 기속행위이나, 관허사업제한의 구체적인 내용과 정도는 재량행위라 할 것임

(2) 요구행위의 처분성 여부

① 관허사업제한의 요구행위는 상대방에게 직접 법적 효과가 발행하는 것이 아니고 행정기관 내부행위에 불과하여 처분성이 부인된다는 소극설과, ② 관허사업제한의 요구를 받으면 정당한 사유가 없는 한 이에 응해야 하므로 처분성이 인정된다는 적극설이 대립된다. 생각건대, 관허사업제한의 요구행위 자체로는 상대방에게 직접 법적 효과가 발생하는 것이 아니라는 점에서 소극설이 타당함(다수설).

5. 한 계

(1) 비례의 원칙 · 부당결부금지의 원칙

제재처분인 점에서 법률유보의 원칙에 따라 법률의 근거뿐만 아니라, 조리상 비례의 원칙과 부당결부금지원칙에 따른 제한을 받음

(2) 조세체납으로 인한 관허사업제한의 위헌여부

① 조세체납과 관련 없는 관허사업의 제한은 원인적인 인과관계나 목적의 상호관련성이 없어 부당결부금지원칙에 반하여 위헌이라는 위헌설과 ② 국가재정확보를 통한 국가존립의 이익이 우선한다는 합헌설이 대립.

6. 권리구제

처분성 인정되어 행정쟁송의 대상 / 관허사업제한의 요구행위는 처분성이 없으므로 관허사업제한을 다투면서 그 요구행위의 위법사유를 주장할 수 있음

85 행정상 제재처분의 승계

<개 415, 연 295,518> [사시 42, 57, 59회, 행시 53회, 60회, 5급 20년, 입시 35회]

1. 의 의

행정법상 의무위반에 대한 제재처분의 효과가 그 지위승계자인 타인에게 이전되는 것을 말함 / 인정여부에 대해, 자기책임의 원칙과 제3자 신뢰보호 위해 승계 불가하다는 부정설과, 제재목적 달성과 그 회피방지 위해 필요하다는 긍정설(다수설)로 나뉨

2. 승계유형 및 대상

제재처분승계는 제재처분의 취지 · 목적에 비추어 ① 제재처분사유의 승계, ② 제재처분절차의 승계, ③ 제재처분전력의 승계 등이 있음

3. 승계요건

(1) 승계규정

법률유보원칙상 법적 근거 필요함. 일반법은 없는바, 명문의 개별법규 필요여부에 관해 견해가 나뉨

(가) 학설 : ① 법률유보의 원칙상 명문의 법률규정이 필요하다는 **적극설**(긍정설), ② 승계될 수 있는 성질로 충분하고 법적 근거까지 필요한 것은 아니라는 **소극설**(부정설), ③ 행정절차법상 지위승계규정(동법 10) 또는 당해 처분의 근거법률의 지위승계규정을 제재처분승계에 준용할 수 있다는 **지위승계규정준용설**로 견해 나뉨.

(나) 판례 : 지위승계규정을 준용 또는 대물적 처분이라는 승계적성만으로 승계를 인정한다(대판 2001.6.29. 2001두1611, 영업정지처분취소; 대판 2003.10.23. 2003두8005, 과징금부과처분취소 등).

(다) 검토 : 제재처분은 전형적인 침익적인 불이익처분이라는 점에서 법률유보의 원칙상 법적 근거를 요한다는 적극설이 타당

(2) 승계적성

당해 제재처분의 성질이 타인에게 이전될 수 있는 비전속적인 대물적 성질이어야 하고, 따라서 대체가능성이 없는 일신전속성의 제재처분은 승계를 인정하는 특별한 법률규정이 있는 경우 이외에는 승계되지 아니한다.

(3) 승계시점

승계요건을 충족하고 지위승계 하였을 때(승계신고수리시)

4. 한 계

(1) 비례의 원칙

제재처분의 목적실현과 제재처분이라는 수단 사이에 합리적인 비례관계가 유지되어야 함

(2) 신뢰보호의 원칙

양도인에 대한 제재처분을 모르고 양수한 선의의 제3자인 양수인의 신뢰는 보호되어야 한다. 제재처분 또는 위반사실을 알지 못하였음을 입증하는 경우 제재처분의 승계를 제한하는 규정을 둠이 보통임

(3) 시간적 제한

법적 안정성과 상대방의 신뢰보호의 원칙상 일정한 시간적 제한이 필요한바, 보통 승계기간을 1년으로 정하고 있음

▷'식품위생법 제78조(행정 제재처분 효과의 승계) 영업자가 영업을 양도하거나 법인이 합병되는 경우에는 제75조제1항 각 호, 같은 조 제2항 또는 제76조제1항 각 호를 위반한 사유로 종전의 영업자에게 행한 **행정 제재처분의 효과**는 그 처분기간이 끝난 날부터 **1년간** 양수인이나 합병 후 존속하는 법인에 승계되며, **행정 제재처분 절차**가 진행 중인 경우에는 양수인이나 합병 후 존속하는 법인에 대하여 행정 제재처분 절차를 계속할 수 있다. 다만, 양수인이나 합병 후 존속하는 법인이 양수하거나 합병할 때에 그 **처분 또는 위반사실을 알지 못하였음을 증명하는 때**에는 그러하지 아니하다'

86 공무원의 위법한 직무행위로 인한 배상책임 요건 (국가배상법 제2조)

<개 437, 연 305,342> [사시 36(1994),39,44,51,58회, 행시 50회,55회, 변시 8회]

1. 공무원

(1) 공무원의 범위

'공무원 또는 공무를 위탁받은 사인'이므로 신분상 개념 아니라 기능상 개념/널리 공무를 위탁받아 실질적으로 종사하는 자, 일시적이고 한정적인 것 포함

(2) 국가기관 포함여부

(가) 학설 : ① 국가기관도 공무원에 포함될 수 있다는 긍정설과, ② 실제로 공무를 수행하는 자연인인 공무원이어야 한다는 부정설로 견해가 나뉜다.

(나) 판례 : 한국토지공사는 행정주체이지 공무원에 해당되지 아니한다고 하

여 부정설을 취함(대판 2007다82950)

(다) 검토 : 국가기관 그 자체는 권리의무의 귀속주체인 행정주체이지 공무집행의 행위자인 공무원이라 할 수 없다는 점에서 부정설이 타당

(3) 공무수탁사인

국가배상법 제2조 제1항의 공무수탁사인의 지위에 관해 ① 행정주체로서 배상책임자라는 공무수탁사인설과 ② 공무원에 해당하여 배상책임자는 국가 등이라는 국가·지방자치단체설이 대립. 생각건대, 국가배상법 제2조 제1항의 규정취지에 따라 공무수탁사인은 공무원에 해당하여 국가·지방자치단체설이 타당. 다만 배상책임에 관한 자기책임설에 따라 선택적 청구를 인정하는 경우에는 공무수탁사인도 배상책임자가 될 수 있음

2. 직무행위

(1) 범 위

① 권력작용에 한한다는 협의설, ② 권력작용과 비권력 공행정작용을 포함한다는 광의설, ③ 사경제작용까지 포함한다는 최광의설로 견해가 나뉘는바, 판례와 통설인 광의설이 타당

(2) 내 용

작위·부작위 또는 법률행위·사실행위를 모두 포함한다.

(가) 입법작용 : ① 헌법문언에 객관적으로 명백히 위반되거나 반인륜적인 특수한 경우에는 위법이 될 수 있음, ② 위헌·위법인 법령에 근거한 처분은 과실 인정 어려움, ③ 입법부작위의 경우 헌법 또는 법률에서 입법의무 부여한 경우에는 손해인정 가능

(나) 사법작용 : 사법작용인 재판행위의 경우, ① 국가배상책임을 인정하는 긍정설과, ② 확정판결에 대해 국가배상책임을 인정하는 것은 기판력에 반한다는 부정설 및 ③ 경험법칙상 불합리한 사실의 인정이나 법령내용의 오해·부지로 인한 오판 또는 명백한 권한남용 등 특별한 사정이 있는 경우에 한해 인정하는 제한적 긍정설 등으로 견해가 나뉘며, 판례와 다수설인 제한적 긍정설이 타당함

(다) 통치행위 : ① 사법심사의 대상에서 제외되므로 국가배상청구사건의 전제문제로 판단할 수 없다는 부정설과, ② 통치행위의 법리와 기본적 모순이 없는 한도에서 사익의 보호를 도모할 필요가 있고 취소소송과 국가배상소송 사이에 통치행위에 대한 취급을 달리한다고 하는 긍정설의 대립이 있다. 생각건대, 통치행위의 효력을 다치지 않는 한도에서 객관적으로 명백하게 헌법이나 법률에 위반되는 등 특별한 사정이 있는 경우에는 국가배상을 인정할 수 있다.

(3) 판단기준

객관적으로 직무행위의 외형을 갖추었는지 여부인 외형주의에 의한다.

3. 고의·과실

국가배상법은 과실책임주의를 취하고 있음

(1) 과실의 객관화·정형화

과실여부의 판단은, ① 표준적·평균적 공무원으로서 할 수 있는 주의의무위반이라는 **추상적 과실**, ② 보조기관·상급기관의 직원 포함하여 해당 권한행사에 관한 직무집행의 체제전체를 포함하며, 가해공무원의 특정을 필요로 하지

않는 조직과실론에 의한다.

(2) 과실과 위법성의 관계

배상책임성립에 위법성은 객관적 요건이고, 과실은 공무원의 주관적 요건임. 따라서 과실과 위법은 각각 별도로 판단해야 함

(가) 위헌·위법인 법령·행정규칙의 적용 : 사법적 판단 후에는 고의과실 인정, 판단 전에는 과실인정 곤란

(나) 공무원의 법령의 해석·적용상의 잘못 : 관계법규를 알지 못하거나 필요한 지식을 갖추지 못하여 해석을 그르친 경우에는 과실인정, 성실한 평균적 공무원으로서 최신을 다해 어느 견해에 따른 것이 후에 법원판결이 다르게 난 경우는 과실 부인

(3) 과실유무의 판단기준

① 일반 공무원 표준으로, ② 객관적 주의의무 결여, ③ 해당 처분 등이 객관적 정당성을 상실하였다고 인정할 정도에 이른 경우

(4) 입증책임

피해자 측에 있다고 보나, 입증곤란을 피하기 위해 민법상 일응추정의 법리를 원용해야

4. 법령위반

(1) 법령의 범위

① 성문·불문의 법규위반 뿐만 아니라 합목적성에 반하는 부당까지 포함하는 **최광의설**, ② 명문의 법규위반 및 재량권의 일탈·남용을 포함하는 객관적 정당성을 결한 행위라는 **광의설**, ③ 명문의 법규위반이라는 **최협의설**로 견해가 나뉘며, 광의설이 통설·판례의 입장

(2) 위법성의 판단기준

(가) 학설 : ① 법이 허용하지 않은 법익침해(피해결과)의 발생이 위법이라는 **결과불법설**, ② 법령에서 규정한 공권력발동요건을 결여한 것이라는 **공권력발동요건결여설**(협의의 행위위법설), ③ 공무원으로서 직무상 주의의무를 태만히 한 것이라는 **직무의무위반설**(광의의 행위위법설), ④ 행위의 위법과 결과의 위법을 종합적으로 고려하여 판단해야 한다는 **상대적 위법성설**(절충설)이 대립함

(나) 판례 : 공권력발동요건결여설 내지 상대적 위법성설을 취함

(다) 검토 ; 적법행위로 인한 손실보상과 위법으로 인한 손해배상을 구별하고 있고 고의·과실과 위법을 구별하고 있는 현행법체계상 공권력발동요건결여설이 타당함

(3) 국가배상법상의 위법과 항고소송의 위법 [사시 52회, 행시 57회, 입시 29회, 변시 4, 7회]

(가) 동일성 여부 : ① 양 소송의 위법성은 모두 객관적 법규범의 위반이므로 법치행정의 원리에 의하여 양 소송의 위법성을 달리 해석할 이유가 없다는 **일원설**과, ② 국가배상소송은 위법한 행정작용으로 인한 경제적 손실의 전보를 목적으로 하는데 대하여 항고소송은 이미 행해진 행정처분의 효력의 부정을 목적으로 하므로 위법이 서로 다르다는 **이원설**이 대립된다. 생각건대, 법치행정의 원리에서 위법성은 일원적·통일적으로 파악해야 하고 피해구제의 확대는 손실보상 등 손해전보제도 등 개별 접근에 의함이 바람직하다는 점에서 일원설이 타당하다.

(나) 항고소송의 기판력과 국가배상소

송 〔사시 52, 행시 57, 입시 29,30, 변시 4회〕

(a) 학설 : ① 국가배상소송과 항고소송의 위법성개념은 동일하다는 전제하에 항고소송의 기판력이 후소인 국가배상소송에 미친다는 **기판력긍정설**, ② 국가배상소송과 항고소송의 위법성이 다르다는 입장에서 항고소송의 기판력이 국가배상소송에 미치지 않는다는 **기판력부정설**, ③ 국가배상소송의 위법성을 항고소송의 위법성보다 넓게 보는 입장에서 인용판결의 기판력은 국가배상소송에 미치지만 기각판결의 기판력은 국가배상소송애 미치지 않는다는 **제한적 긍정설**이 대립된다.

(b) 검토 : 항고소송의 위법과 국가배상소송의 위법은 동일하다고 보아 기판력긍정설이 타당함

(다) 국가배상소송의 기판력과 항고소송 : 국가배상소송의 소송물은 배상책임 유무이고 항고소송의 소송물인 처분의 위법성은 판결이유에 불과하여 미치지 않음

(라) 불가쟁력과 국가배상소송 : 불가쟁력으로 처분의 하자가 치유되는 것이 아니므로 국가배상소송 가능

(4) 부작위의 위법성

(가) 작위의무의 도출 : 부작위가 위법으로 되기 위해서는 행정청에 작위의무가 인정되어야

(나) 재량수축의 요건 : 작위의무는 명문규정에 없거나 재량사항인 경우에도 조리 내지 재량권의 수축이론에 의해 작위의무를 도출할 수 있다(판례, 다수설). 즉, 재량권수축은, 피해법익이 생명·신체·재산이고 피해의 심각성·절박성, 예견가능성, 회피가능성 및 행정권발동의 기대가능성 등을 종합적으로 고려하여 판단한다.

(5) 사익보호성의 문제

사익보호성은 항고소송의 원고적격의 문제이지 국가배상청구요건은 아니라는 소극설도 있으나, 행정권의 행사·불행사가 공익뿐만 아니라 사익도 보호하는 경우에만 국가배상책임이 성립한다는 적극설이 판례와 다수설의 입장이다. 그런데 사익보호성의 요구가 국가배상책임요건 중 어디에 속하는지에 대해서는 견해가 나뉜다.

(가) 학설 : ① 직무상 의무위반에 대응하여 상대방의 사익보호성이 인정되는 것이므로 단순한 반사적 이익의 침해는 위법이 아니라고 하여 위법성의 문제로 보는 **위법성설**, ② 국가배상법상의 손해란 법익침해에 의한 불이익을 말하므로 반사적 이익침해는 손해가 아니라고 하는 **손해설**, ③ 국가배상법상 직무에 공공일반의 이익에만 관련된 직무는 제외되는 것으로 보아 직무관련성의 문제로 보는 **직무관련성설**, ④ 상당인과관계에서 상당성의 판단요소로 보아 가해자가 부담해야할 손해의 범위에 반사적 이익은 포함되지 않는다는 **상당인과관계설**이 대립된다.

(나) 판례 및 검토 : 판례는 "공무원이 법령에서 정한 직무상의무를 위반하여 제3자에게 손해를 입혔더라도 그 법령의 보호목적이 개인의 이익과 안전을 위한 것이 아니라 공공 일반의 이익을 위한 것이라면 공무원의 행위와 손해 사이에 상당인과관계가 있다고 할 수 없다."고 하여 상당인과관계설을 취한다(대판 2001.4. 13. 2000다34891 등). 생각건대, 법적으로 보호되는 이익의 침해인지 단순한

반사적 이익의 침해에 불과한지는 공무원의 가해행위로 인한 손해의 범위를 결정함에 고려사항이라 할 것이므로 상당인과관계설이 타당함

5. 타인에 대한 손해의 발생

(1) 타 인

가해자인 공무원 및 그의 직무상 위법행위에 가세한 자 이외의 모든 자

(2) 손해의 범위

위법행위에 의해 발생한 현실의 불이익으로, 재산적·신체적·정신적·적극적·소극적인 모든 손해 포함하며, 공무원의 가해행위와 손해발생과의 사이에 상당인과관계가 인정되는 범위에서 배상책임이 발생한다.

87 배상책임

<개 454>

1. 배상책임자

(1) 국가·지방자치단체

해당 공무원의 사무귀속주체인 국가 또는 지방자치단체가 배상책임.

(2) 공공단체의 배상책임여부

(가) 학설 : ① 국가배상법은 헌법과 달리 국가와 지방자치단체로 한정하고 있으므로 민사상 손해배상청구로 해야 한다는 민사상 손해배상청구설, ② 국가배상법의 규정은 예시적 의미로 보고 피해자 구제 및 법적용의 형평성을 고려하여 국가배상법을 유추적용하여야 한다는 국가배상청구설이 대립됨

(나) 판례 : "수산청장으로부터 위탁받은 업무를 기계적으로 행사할 의무를 부담하는 수산업협동조합이 불법적으로 그 업무를 처리하여 타인에게 손해를 입혔다면 공무원의 법령위반의 직무집행으로 인한 손해배상책임을 부담한다."고 하여 수탁공무를 처리한 공공단체의 배상책임을 인정함(대판 2003.11.14. 2002다55304)

(다) 검토 : 공공단체가 자신의 업무처리상의 손해발생에 대해서는 민사상 손해배상의 문제이나, 위탁공무를 처리하는 경우에는 공무수탁사인으로서 행정주체의 지위에 있게 되므로 국가배상청구설이 타당함

(3) 공무원의 선임·감독자와 비용부담자가 다른 경우

공무원의 선임·감독을 맡은 자와 봉급·급여 그 밖에 비용을 부담하는 자가 다를 경우 선택적 청구가 가능하다. 이 경우 비용부담자의 구체적 의미에 대해, ① 실질적 비용부담자설, ② 형식적 비용부담자설 및 ③ 실질적 비용부담자와 형식적 비용부담자를 포함한다는 병합설(판례, 다수설)이 대립됨

(4) 기관위임사무의 경우

수임기관은 위임기관의 산하 행정기관의 지위에서 그 사무를 처리하는 것이므로, 그 위임기관이 소속된 위임사무의 귀속주체인 국가 또는 지방자치단체가 배상책임을 짐

2. 배상책임의 성질

(1) 학 설

① 가해공무원이 부담할 책임을 국가등이 대신 지는 책임이라는 대위책임설, ② 국가의 기관의 행위라는 형식을 통하여 국가가 직접 부담하는 자기책임이며 민사상 법인의 불법행위책임에 해당한다는 자기책임설, ③ 고의 또는 중

과실에 기인한 경우에는 기관행위로서의 성질 가지지 못해 대위책임이나 경과실은 기관행위로 볼 수 있어 자기책임이라는 중간설이 대립함.

(2) 검 토

공무원의 위법행위로 인한 배상책임주체를 국가 또는 지방자치단체로 규정한 국가배상법 제2조 제1항의 구조로 보아 대위책임설이 타당

3. 선택적 청구의 문제(공무원의 직접 책임 문제) [행시 55회, 5급 20년, 입시 29, 33회]

(1) 학 설

① 자기책임설 입장에서 국가 등의 배상책임과 행위자인 공무원의 책임은 서로 무관하므로 선택적 청구가 가능하며, 헌법 제29조 제1항 단서는 피해자의 청구에 직접 응하는 책임으로 보는 긍정설, ② 대위책임설 입장에서 국가 등에만 청구해야 하며, 헌법 제29조 제1항 단서는 국가 등의 구상에 응하는 책임이라는 부정설, ③ 경과실은 통상 예상할 수 있는 흠이므로 국가 등에 배상책임이 있고 공무원의 고의·중과실에 의한 경우는 국가의 행위로 볼 수 없으나 외관상 공무원의 직무행위로 보여질 때는 피해자보호 위해 선택적 청구를 할 수 있다는 절충설이 대립됨

(2) 판 례

"공무원의 위법행위로 인한 타인의 손해발생의 경우에 국가등이 손해배상책임을 지는 외에 그 공무원은 고의 또는 중과실이 있는 경우에 손해배상책임을 지지만 경과실만 있는 경우에는 책임을 면한다." 고 하여 절충설을 취함(대판 2010.1. 28. 2007다82950 등)

(3) 검 토

변제자력이 충분한 국가 등이 배상하는 것이 피해자 구제에 충실하며 국가의 책임을 대위책임으로 볼 때 선택적 청구를 인정하지 아니함이 타당함(부정설)

88 구상권

<개 458, 연 305, 313>

1. 공무원에 대한 구상권

(1) 의 의

구상권이란 타인의 행위에 의하여 손해배상을 이행한 자가 그 타인에 대하여 가지는 반환청구권을 말함

(2) 행사요건

① 배상금을 지불했을 것, ② 가해공무원에게 고의 또는 중과실 있을 것

(3) 범위 및 시효

당해 공무원의 직무내용 등 제반사정을 참작하여 손해의 공평분담 견지에서 신의칙상 상당하다고 인정되는 한도 내 / 시효는 10년

2. 공무원의 선임·감독자와 봉급·급여부담자가 다른 경우의 구상

국가배상법 제6조 제1항에 따라 손해배상을 한 자는 내부관계에서 그 손해배상책임이 있는 자에게 구상할 수 있다(동조②). 이 경우 내부적으로 구상의 대상자인 최종책임자에 관해, ① 사무귀속자설, ② 비용부담자설, ③기여도설이 대립되는바, 손해발생의 기여도에 따라 최종 부담자를 정한다는 기여도설이 타당

3. 공무원의 국가 등에 대한 구상권 여부

국가배상법 제8조의 준용규정에 따라 민법 제745조(타인의 채무변제) 제2항에 따른 구상권행사 가능한지 문제됨. 이 경우, ① 고의·중과실의 경우는 불가하나, ② 경과실로 손해 입혀 공무원이 배상한 경우에는 그 변제금액에 관해 국가에 구상권행사가 가능함(대판 2014.8.20. 2012다54478, 공중보건의 사건) [사시 58회]

89 자동차손해배상책임

<개 461, 연 313>

1. 의 의

국가나 지방자치단체가 자동차손해배상보장법(자배법)에 따라 자동차운행으로 사람이 사망하거나 부상한 경우에 지는 배상책임을 말하며(국가배상법 제2조 제1항 후문), 국가배상법의 특례임

2. 배상책임요건

(1) 국가나 지방자치단체가 자기를 위해 자동차를 운행

국가나 지방자치단체가 자동차에 대한 운행을 지배하여 그 운행이익을 향수하는 책임주체에 있는 경우를 말함

(2) 자동차운행으로 사람이 사망하거나 부상(무과실의 인적 피해)

인적 피해에 대한 배상이므로 물적 피해는 이 법의 적용이 없고, 고의·과실의 여부와도 관련 없다.

(3) 면책사유가 없을 것

① 자동차운행에 주의를 게을리 하지 않았고 제3자에게 고의·과실이 있으며 자동차의 구조상의 결함이나 기능상의 장해가 없었음을 증명한 경우, ② 승객이 고의나 자실행위로 사망·부상한 경우 등에는 배상책임 없음

3. 배상책임의 범위와 절차

(1) 국가등이 자배법상의 배상책임이 인정되는 경우

국가배상법에 따른 범위와 절차에 따름

(2) 국가등이 자배법상의 배상책임이 부정되는 경우

국가배상법 제2조 제1항 또는 제5조 제1항의 배상책임요건을 갖춘 경우는 국가배상법에 따른 배상책임, 그렇지 못한 경우에는 공무원 자신이 자배법상 또는 민법상 손해배상책임을 짐

90 군인 등의 국가배상청구권 제한

<개 463, 연 313>

1. 의 의

군인 등이 직무집행과 관련하여 전사·순직·공상을 입은 경우 본인이나 유족이 다른 법령에 따른 재해보상금·유족연금·상이연금 등을 받을 수 있는 경우에는 국가배상청구가 배제되는 것을 말함(이중배상금지)

2. 적용요건

(1) 군인·군무원·경찰공무원·향토예비군대원의 피해일 것

(2) 전투·훈련 등 직무집행에 관련하여 전사·순직·공상을 입었을 것

(3) 본인이나 그 유족이 다른 법령에

따라 재해보상금·유족연금·상이연금 등의 보상을 지급받을 수 있을 것

3. 공동불법행위자의 구상권

(1) 의 의

공동불법행위란 수인이 공동으로 불법행위를 하여 타인에게 손해를 가한 경우를 말하며, 각 행위가 공동관련성이 있고 이로 인해 손해가 발생하여야 한다.

(2) 공동불법행위자의 구상권 여부

일반국민이 국가와 공동불법행위로 피해를 입은 군인 등이나 그 유족에게 손해배상을 한 경우 국가에 대해 구상권 행사할 수 있는지 문제되는바, ① 일반국민과 국가를 차별취급 해서는 아니되므로 공평한 재산권보장 취지에서 구상권을 인정하는 긍정설(헌법재판소)과, ② 민간인은 귀책부분에 한해 부담하므로 국가에 대해 구상청구를 할 수 없다는 부정설(대법원)이 대립한다. 생각건대, 헌법 제29조 제2항 및 국가배상법 제2조 제1항 단서의 입법취지와 민간인의 재산권보호등 각 당사자의 이해관계의 실질을 고려할 때 부정설이 타당

91 영조물의 설치관리의 하자로 인한 손해배상

<개 467, 324> [행시 39, 사시 43,52회]

1. 배상책임의 요건

(1) 공공의 영조물

행정주체에 의하여 공공목적에 제공되는 유체물(공물) / 국가 등이 소유권 등 권한에 기한 관리뿐만 아니라 사실상 관리하고 있는 경우도 포함

(2) 설치·관리의 하자

(가) 의미 : 민법 756조의 '설치 또는 보전'과 동일하며, 설치·유지·보관·수선 등의 작용을 말함

(나) 하자의 판단기준에 관한 학설 : ① 사회통념상 일반적으로 갖추어야 할 물적 안정성을 결여한 것을 말한다는 객관설, ② 관리자가 영조물을 안전·양호한 상태로 유지해야할 관리의무를 위반한 것이라는 주관설, ③ 영조물 자체의 객관적 하자뿐만 아니라 관리자의 안전관리의무위반이라는 주관적 요소도 고려하여 판단해야 한다는 절충설, ④ 관리주체가 과실여부를 불문하고 안전확보의무를 위반한 책임이라는 위법·무과실책임설(관리의무위반설) 등이 대립됨 / 객관설이 통설·판례임

(다) 구체적 하자 판단기준

(a) 통상 갖추어야 할 물적 안정성 : 사회통념상 일반적으로 요구되는 정도의 상대적 안정성(타인에게 위해를 끼칠 위험성을 갖지 아니한 상태), 즉, ① 물리적·외형적 안전성 결여(위험성의 상태책임)와 ② 피해의 수인한도초과(피해정도, 피해이익의 성질 및 그에 대한 사회적 평가, 가해행위의 공공성, 피해의 회피가능성 등 모든 사정 종합적으로 고려하여 판단해야)

(b) 하자발생원인의 형태 : 자연력, 인력, 과실유무 등 불문

(c) 하자발생원인의 결합 : 다른 자연적 사실이나 제3자의 행위 또는 피해자의 행위와 결합하여 공동원인이 되어도 물적 안정성 결여 성립

(3) 기능적 하자(피해의 수인한도초과) [5급 19년]

(가) 의의 : 영조물이 공공의 목적에

이용됨에 있어 그 이용상태 및 정도가 일정한 한도를 초과하여 타인에게 사회통념상 수인할 것이 기대되는 한도를 넘는 피해를 입히는 경우

(나) 판단기준 : 피해정도, 피해이익의 성질 및 그에 대한 사회적 평가, 가해행위의 공공성·지역성, 토지이용의 선후관계, 피해회피 가능성, 공법적 규제의 위반여부 등 모든 사정 종합

⑷ 하자의 입증책임

원칙적으로 원고인 피해자 책임

⑸ 손해의 발생

타인에게 손해발생 / 흠과 손해 간에 상당인과관계 있어야

⑹ 면책사유

손해발생에도 불구하고 배상책임의 면제·감면될 수 있는 사유

(가) 불가항력 : 사회통념상 일반적인 물적 안정성을 갖추고 있으나, 천재지변과 같이 인간의 능력으로는 예견할 수 없거나 회피할 수 없는 외부의 힘에 의하여 손해가 발행한 경우

(a) 예견가능성 : 평균적인 영조물설치관리자의 판단능력을 기준으로 통상 예측할 수 있는 것

(b) 회피가능성 : 설치관리자가 손해발생을 회피하기 위한 행동을 취하는 것이 가능한 것→ 재정적 고려, 시간적 고려, 기술적 고려

(나) 예산부족 : 인공공물인 경우 원칙적으로 면책사유 아님

(다) 공공성과 피해방지노력

(라) 하자발생원인의 경합에 따른 감면사유 : 제3자의 행위와 경합하여 손해를 발생시킨 경우에는 공동불법행위책임을 지고 내부구상관계 발생, 피해자의 행위와 결합한 경우에는 과실상계 인정

2. 배상의 범위

상당인과관계 있는 모든 손해액

3. 배상책임자

⑴ 국가 또는 지방자치단체

기관위임사무의 경우 그 위임사무의 귀속주체인 위임기관이 속한 행정주체가 배상책임을 지고, 국가배상법 제6조에 따라 수임기관이 비용 부담자인 경우에는 공동으로 배상책임(대판 2000.5.12. 99다70600 등)

⑵ 영조물의 설치관리자와 비용부담자가 다른 경우

선택적 청구 가능(6①), 내부 관계에서 구상청구 가능 / 이 조항의 비용부담자의 의미에 관해 ① **실질적 비용부담자설**(실질적·궁극적으로 비용지출자), ② **형식적 비용부담자설**(대외적으로 비용부담 자), ③ **병합설**(실질과 형식 포함, 판례, 다수설).

4. 구상권

⑴ 손해원인의 책임자에 대한 구상(5②)

손해원인에 대해 책임질 자가 따로 있는 경우

⑵ 설치·관리와 비용부담자가 다른 경우의 구상(종국적 배상책임자)(6②)

선택적 청구가 가능한데 내부적으로 구상의 대상자인 최종책임자가 누군지에 대해, ① **관리자설**(관리주체), ② **비용부담자설**(실질적 비용부담자), ③ **기여도설**(손해발생에 기여정도, 다수설), ④ **판례**(구체적 관리책임, 사고발생경위, 비용부담 등 제반사정 종합하여 결정해야)

5. 국가배상법 제2조와 제5조의 관계(경합)

(1) 배상책임자가 각각 다른 경우 그들 간에 부진정연대책임관계 발생

예컨대, 경찰관(국가공무원)이 신호등(지방자치단체시설) 잘못 조작의 경우로서 국가와 지방자치단체는 각각 독립하여 손해의 전부의 이행의무 있음(채무자 사이에 구상권 없음)

(2) 배상책임자가 동일인인 경우 배상책임 경합

① **청구권경합설**(주관설에 따르면 서로 경합되어 피해자는 선택적 청구 가능), ② **법조경합설**(객관설에 따라 객관적 하자인 경우 제5조를, 공무원의 관리의무위반인 경우 제2조로 경합 않되나, 객관적 하자가 관리의무위반인 경우 경합)

92 행정상 손해배상의 청구절차

<개 478, 연 324>

1. 행정절차에 의한 배상청구

(1) 임의적 행정절차

배상심의회에 배상신청을 할 수 있고, 바로 소송제기도 가능

(2) 배상심의회

심의·결정 권한 / 법부부에 본부심의회, 국방부에 특별심의회, 지구검찰청과 일정한 군부대에 지구배상심의회를 둠 / 본부 7인, 지구심의회 5인으로 구성함

2. 사법절차에 의한 배상청구

(1) 일반절차에 의한 경우

민사소송설(판례), 공법상 당사자소송설(다수설)

(2) 특별절차에 의한 경우

손해배상소송을 취소소송의 관할법원에 관련청구병합

93 행정상 손실보상의 근거와 성질

<개 481, 연 371>

1. 개 념

적법한 공권력행사로 사유재산에 가해진 특별한 희생에 대하여 전체적인 공평부담의 견지에서 행정주체가 행하는 조절적인 재산적 보상을 말함

2. 헌법상의 근거[행시40, 입시27,32회]

헌법 제23조 제3항

(1) 불가분조항 여부

재산권제한에 관한 사항과 보상의 방법·기준에 관한 사항을 동일한 법률에 함께 규정해야 하는지 여부, ① 공용침해와 손실보상을 함께 규정해 야 한다는 의미로 보고 보상규정 없으면 위헌이라는 긍정설과, ② 법정주의를 선언한 것일 뿐 불가분조항은 아니라는 부정설이 대립함. ③ 생각건대, 불가분조항을 규정한 독일과 다른바, 공용침해와 보상에 관한 법정주의를 선언한 것으로 보는 부정설이 타당함

(2) 제23조 제3항의 성질

공용침해의 근거법률에 보상규정이 없는 경우에 이 조항이 손실보상의 근거가 될 수 있는지에 관해 견해 나뉨

(가) 학설 : ① 헌법규정은 입법에 대한 방침규정이므로 손실보상에 관한 명

시적 규정 있어야 한다는 **방침규정설**, ② 국민에 대해 직접적 효력을 갖는 규정으로 보아 이 규정에 의해 보상을 청구할 수 있다는 **직접효력설**(국민에 대한 직접효력설), ③ 입법자를 구속하여 공용침해를 규정한 법률에 보상규정을 두지 않으면 위헌·무효로 손해배상청구가 가능하다는 **위헌무효설**(입법자에 대한 직접효력설), ④ 보상규정이 없는 경우 헌법 제23조 제1항, 제3항과 제11조 및 관련법규상의 보상규정을 유추적용 하여 보상청구가 가능하다는 **유추적용설**(간접효력설), ⑤ 보상규정을 두지 않은 법률이 위헌이 되는 것이 아니라 입법부작위가 위헌이라는 **보상입법부작위위헌설**

(나) 판례 : 대법원은 "사업시행구역 외에 위치한 저수지의 기능상실이라는 간접손실에 대한 보상규정은 없으나 공특법시행규칙 제23조의6을 유추적용하여 보상을 청구할 수 있다"고 하여(대판 1999.6.11. 97다56150 등) 유추적용설을 취하나, 헌법재판소는 "도시계획법 제21조에 의한 재산권의 제한에 따라 종래의 이용방법에 따른 토지사용을 할 수 없거나 실질적으로 사용·수익을 전혀 할 수 없는 예외적인 경우에도 아무런 보상 없이 이를 감수하도록 하고 있는 한 비례원칙에 위반되어 헌법에 위반된다."고 하여(헌재 1998.12.24. 89헌마214) 위헌무효설을 취하고 있음

(다) 검토 : 종국적으로는 입법적 해결이 바람직하나, 현실적인 해결로는 유추적용설에 따른 보상함이 바람직함

3. 법률상의 근거

일반법인 「공익사업을 위한 토지 등의 취득 및 보상에 관한 법률」(토지보상법) 및 각 단행법

4. 손실보상청구권의 성질

(1) 의 의

손실보상청구권이란 공공사업의 시행으로 손해를 입었다고 주장하는 자가 보상을 받을 권리를 말함(공공사업 시행 당시를 기준으로 판단),

(2) 학 설

그 성질에 관해, ① 권력작용의 법적 효과로 보는 **공권설**(공법상 당사자소송, 통설)과, ② 사법상 채권채무관계로 보는 **사권설**(민사소송, 종래 판례)로 나뉨.

(3) 판 례

종래 사권설을 취했으나 공권설로 변경하였다(대판 2004다6207 등).

(4) 검 토

권력작용의 원인 또는 결과로 발생한 것이며, 현행 토지보상법은 재결에 대한 불복에 대해 행정소송을 제기하도록 하였으므로 공권설이 타당함

94 손실보상의 요건

<개 486, 연 353> [사시 40, 49회]

'공공필요를 위한 타인의 재산권에 대한 적법한 공권적 침해로 인하여 사유재산권에 가하여진 특별한 희생'

1. 공공필요

국민의 재산권을 그 의사에 반하여 강제적으로 취득해야 할 공익적 필요성을 말함(공익성+필요성). 토지보상법 제4조 제1호부터 제8호까지의 규정사항(예시규정)

2. 재산권의 공권적 침해

(1) 재산권의 의미

재산권은 소유권뿐만 아니라 법이 보호하는 일체의 재산적 가치 있는 권리(지가상승 기대와 같은 기대이익은 제외)

(2) 공권적 침해

공법상의 일체의 재산적 감손을 의미(재산권의 수용·사용·제한, 그 밖에 재산적 가치를 박탈·감손시키는 일체의 공권력발동 포함)

(3) 침해의 의도성·직접성

침해는 직접적으로 의도된 것이어야 하고, 간접적·결과적인 침해는 불포함

3. 적법한 침해

형식적 의미의 법률에 근거 요함

4. 특별한 희생

(1) 경계이론과 분리이론

헌법 제23조 제1항 및 제2항의 재산권의 내용·한계 및 사회적 제약과 제3항의 공용침해로 인한 손실보상의 관계에 관해

(가) 경계이론 : 재산권의 내용규정과 공용침해규정을 함께 판단하여 사회적 제약을 넘는 공용침해를 손실보상으로 봄, 대법원의 입장

(나) 분리이론 : 헌법 제23조의 재산권의 내용규정과 공용침해규정을 분리하여 보상은 공용침해규정에 의하며, 내용규정에 의한 과도한 공용침해의 경우 비례원칙위반으로 위헌으로 봄, 헌법재판소의 입장

(2) 특별한 희생의 판단기준

"재산권에 일반적으로 내재하는 사회적 제약을 넘는 공용침해 여부"

(가) 형식적 기준설 : ① 침해행위의 대상범위의 일반적인 것인지 개별적인 것인지로 판단하는 개별행위설, ② 특정인 또는 한정된 사람에게 다른 사람에게 요구되지 않는 희생을 불평등하게 부과하는 것이라는 특별희생설

(나) 실질적 기준설 : ① 보호할 만한 가치 있는 권리에 대한 침해라는 보호가치설, ② 침해의 본질성과 강도를 표준으로 하는 수인한도설, ③ 재산권의 사적 효용성 침해라는 사적효용설, ④ 재산권의 본리의 기능 또는 목적에 위배라는 목적위배설, ⑤ 목적물이 놓여 있는 위치·상황에 따라 사회적 구속에 차이가 있다는 상황적구속성설, ⑥ 침해의 중대성과 범위를 기준으로 판다하는 중대설 등으로 견해가 나뉨.

(다) 판례 : 구도시계획법 제21조(개발제한구역지정)에 대해, 헌법재판소는 위헌으로 보고, 대법원은 사회적 제약으로 봄.

(라) 검토 : 위 여러 견해를 종합하여 판단해야 함(종합설).

5. 보상규정의 존재 [입시 27회]

헌법 제23조 제3항에 따라 개별법률에 보상에 관한 규정이 있어야 하나, 이러한 명문규정 없는 경우 손실보상의 청구 가능여부에 대해, ① 방침규정설, ② 직접효력설, ③ 위헌무효설(헌법재판소), ④ 유추적용설(대법원) 등 견해가 나뉘는바, 유추적용설에 따라 보상을 인정함이 타당함

95 토지보상

<개 495, 연 360>

1. 취득하는 토지보상 (토지보상법 제70조)

공시지가를 기준으로 하되, 지가변동률과 토지위치·환경·이용상황 등을 고려한 적정가격으로 보상

2. 사용하는 토지보상 (동법 제71조)

인근유사토지의 지료·임대료·사용방법·사용기간 등 고려하여 평가한 적정가격

3. 사용하는 토지의 매수청구등 (동법 제72조)

(1) 요 건

사업인정고시 후, ① 토지를 사용하는 기간이 3년 이상인 경우, ② 토지의 사용으로 인하여 토지의 형질이 변경되는 경우, ③ 사용하려는 토지에 토지소유자의 건축물이 있는 경우 등 어느 하나

(2) 법적 성질

요건구비시 매수 또는 수용의 효과 발생하므로 형성권적 성질

(3) 불복구제

토지수용위원회의 재결을 거쳐, 이에도 불복하면 당사자소송인 보상금증감청구소송

96 생활보상

<개 497, 연 360>

1. 의 의

수용이 없었던 것 같은 생활상태를 실현시켜 주는 것(광의설). 현재 누리고 있는 생활이익의 상실로서 재산권보장으로 메워지지 아니한 손실에 대한 보상(협의설) / 보상대상의 변천(대인보상→ 대물보상→ 생활보상)

2. 근 거

(1) 헌법상 근거

① 제34조설(판례), ② 제34조와 제23조 결합설,

(2) 개별법상의 근거

'토지보상법' 및 개별법

3. 생활보상의 성격

생활권적 성격 + 원상회복적 성격

4. 생활보상의 내용

(1) 이주대책

(가) 의의 : 공익사업의 시행으로 생활근거를 상실하게 된 이주민에게 재정착을 지원하기 위한 생활보상적 손실보상 방법

(나) 이주대책의 수립자와 대상자 : 수립자는 사업시행자이며, 대상자는 생활근거를 상실하게 된 자(무허가건물주나 세입자는 제외)

(다) 이주대책의 내용 : 재정착을 위한 택지조성 및 주택건설, 이주정착금 지원 등

(2) 생활대책

이농비·이어비보상, 고용·취업알선, 상업용지·농업용지 공급 및 직업훈련 등

97 일실손실(영업손실)의 보상

<개 500, 연 360> [사시 48회]

1. 의 의

공익사업으로 수용대상이 된 토지·건물 등을 이용하여 영업 등을 하다가 그 토지·건물이 수용됨으로써 영업을 할 수 없거나 제한받게 됨으로 인한 직접적인 손실에 대한 보상을 말함

2. 영업의 폐지 · 휴업

(1) 의 의

영업을 폐지하거나 휴업함에 따른 영업손실에 대하여 영업이익과 시설의 이전비용 등을 고려하여 보상하는 것임

(2) 요 건

① 공익사업시행으로 인한 영업손실이어야 하고, ② 사업인정고시일등 전부터 적법한 장소에서 허가받은 영업이어야 함

(3) 보상액 산정기준

① 영업폐지보상은 2년간의 영업이익에 영업용 고정자산 · 원재료 · 제품 및 상품 등의 매각손실액을 더한 금액, ② 영업휴업보상은 영업장소의 이전에 따른 휴업기간을 기준으로 4월 이내의 보상액 산정

(4) 폐지와 휴업의 구별기준

영업장소의 이전가능여부

3. 농업의 손실

농지의 단위면적당 소득 고려하여 2년분의 영농손실액으로 보상

4. 휴직 또는 실직

근로기준법에 따른 평균임금 등을 고려

98 간접손실의 보상

<개 502, 연 381>

비전형적이고 예상하지 못한 부수적 효과에 의한 재산권침해에 대한 보상(수용적 침해 유사)

1. 잔여지 등의 손실보상(토지보상법 제73조, 제75조의2 제1항) [행시 59회]

(1) 의 의

동일한 소유자에게 속하는 일단의 토지(건축물)의 일부가 취득되거나 사용됨으로 인한 잔여지(잔여 건축물)의 가격감소 또는 그 밖의 손실에 대한 보상

(2) 성립요건

① 동일한 토지소유자에 속하는 일단의 토지 또는 건축물의 일부가 공익사업으로 취득되거나 사용될 것, ② 잔여지등 가격감소나 그 밖의 손실(통로 · 도랑 · 담장신설 등 공사비)이 있을 것, ③ 잔여지 가격 감소분과 잔여지 공사비용의 합이 잔여지 가격보다 크지 않을 것

(3) 손실보상청구권등의 성질

성립요건 구비시 청구에 의해 수용효과 발생(형성권적 성질)

(4) 제척기간

공사완료일부터 1년

(5) 불복구제

토지수용위원회에 재결 신청, 이에 불복하면 당사자소송인 보상금증감청구소송

2. 잔여지등의 매수 및 수용청구 (동법 제74조, 제75조의2 제2항)

(1) 의 의

동일한 소유자에게 속하는 일단의 토지등의 일부가 협의에 의해 매수되거나 수용됨으로 인하여 잔여지등을 종래목적에 사용이 현저히 곤란할 때 사업시행자에게 매수를 청구하는 것

(2) 성립요건

① 동일한 소유자에게 속하는 일단의 토지등의 일부가 공익사업으로 협의에 의해 매수되거나 수용될 것, ② 잔여

지등을 종래의 목적에 사용하는 것이 현저히 곤란할 것

(3) 매수청구권 등의 성질

요건구비시 매수 및 수용 효과발생(형성권적 성질)

(4) 불복구제

토지수용위원회의 재결 신청, 이에 불복하면 보상금증감청구소송

3. 공익사업지역 밖의 손실보상
(동법 79)

(1) 공사비보상(동조①)

공익사업으로 취득 또는 사용하는 토지 외의 토지에 통로·도랑·담장 등의 신설이나 그 밖의 필요한 공사의 비용의 전부 또는 일부를 보상하는 것(동법 79①). 공사비가 그 토지 가격보다 크지 않을 것, 공사완료일부터 1년 이내에 청구해야(동조⑤)

(2) 토지등의 기능상실에 따른 보상(동조②)

공익사업의 시행지역 밖의 토지 등이 공익사업시행으로 본래의 기능을 다할 수 없을 것(대지·건축물·분묘·농지 그 밖의 공작물 등), 공사완료일부터 1년 이내 청구해야

(3) 영업 및 농어업의 손실보상(동조④)

(가) 의의 : 공익사업시행으로 공익사업지역 밖의 어업피해·영업손실·농업손실의 보상

(나) 요건 : ① 공익사업시행지구 밖의 제3자가 입은 어업피해·영업손실·농업손실, ② 손실발생의 예견가능성과 손실범위의 특정성

(다) 내용 : ① 실제 피해액을 확인할 수 있는 어업피해, ② 공익사업지역 밖에서 사업인정고시일 전부터 적법한 장소에서 영업하던 자가 배후지의 3분의2 상실로 그 장소에서 계속 영업할 수 없거나 진출입 단절, 그 밖의 부득이한 사유로 일정기간 휴업 불가피한 경우의 영업손실, ③ 경작농지의 3분의2 이상이 공익사업시행지구에 편입됨으로써 당해지역에서 영농을 계속할 수 없게 된 농민의 영농손실

99 보상액결정의 절차·방법
<개 507>

보상액결정에 관해 개별법에 특별한 규정이 있는 외에는 토지보상법에 따라 아래와 같은 협의, 재결, 소송의 단계로 진행된다.

(1) 당사자 간의 협의

(가) 사업인정 전의 협의 : 공익사업수행을 위하여 사업인정 전에 토지등의 취득 또는 사용이 필요한 경우에 사업시행자가 토지등소유자 및 관계인과 협의(토지보상법 16)(임의적 절차). 협의 성립되면 계약체결(동법 17)

(나) 사업인정 후의 협의 : 공익사업수행을 위해 토지등의 수용·사용을 해야 하는 때에 사업인정을 받은 후 보상에 관해 협의(동법 26)(필요적 절차). 협의 성립 되면 관할토지수용위원회에 확인

(다) 간접손실보상의 협의 : 공익사업시행으로 취득·사용되는 토지 외의 토지에 통로·도랑·담장 등 신설이나 그 밖의 공사 비용(동법 79①) 및 공업사업지역 밖의 토지등의 본래기능 다할 수 없는 경우(동조②) 등의 협의

(2) 토지수용위원회의 재결

(가) 재결전치주의 : 협의가 성립되지 아니하거나 협의를 할 수 없을 때에는 행정소송제기 전에 관할 토지수용위원회에 재결을 신청해야 함(동법 28①)

(나) 재결의 성질 및 청구절차 : 사업시행자에게 부여된 수용권의 구체적인 내용을 결정하고 그 실행을 완성시키는 형성적 행정처분. 사업시행자가 사업인정고시 후 1년 이내에(동법 28①), 토지소유자 등의 재결신청의 청구에 따라 그 청구일부터 60일 이내에 관할 토지수용위원회에 신청해야 함(동법 30①②).

(다) 재결사항 : 수용·사용할 토지의 구역 및 사용방법, 손실보상, 수용·사용 개시일과 기간 등(동법 50①)

(3) 소 송

재결에 불복하는 경우에는 공법상 당사자소송으로 보상금증감청구소송을 행정법원에 제기(동법 85)

100 손실보상의 불복절차

<개 509, 연 360,381>

1. 이의신청

(1) 의의, 성질

협의 불성립으로 인한 중앙 또는 지방 토지수용위원회의 재결에 대해 이의가 있는 자가 중앙토지수용위원회에 불복 제기 / 임의절차로 행정심판의 일종

(2) 신청절차·기간

관할토지수용위원회의 재결서정본을 받은 날부터 30일 이내 관할토지수용위원회를 거쳐 중앙토지수용위원회에 신청

(3) 이의신청에 대한 재결

해당 재결이 위법·부당하다고 인정하면 그 전부 또는 일부를 취소하거나 보상액을 변경할 수 있음/ 민사소송법상 확정판결의 효력

(4) 처분효력의 부정지

이의신청은 사업의 진행 및 토지의 수용·사용을 정지시키지 아니함

2. 행정소송

(1) 의의·방법

사업시행자·토지소유자·관계인은 재결 또는 이의신청에 대하여 불복이 있는 때에는 행정소송 제기 가능 / 수용재결부분과 보상액결정부분을 각각 또는 병합제기 가능 / 토지보상법은 재결전치주의를 취함

(2) 수용재결취소소송 [사시 49회, 행시 59회]

(가) 의의 : 협의불성립일 때 행한 재결 또는 이의신청에 대한 재결에서 수용재결부분에 불복이 있는 때에 취소소송 또는 무효등확인소송 제기 가능

(나) 대상 : 토지수용위원회의 재결인 원처분 / 이의신청의 경우는 행소법의 원처분주의에 따라 이의신청의 재결에 고유한 위법이 없다면 원처분인 재결

(다) 당사자 : 원고는 사업시행자·토지소유자·관계인, 피고는 수용재결을 한 토지수용위원회, 이의재결 자체의 고유한 위법인 경우에는 중앙토지수용위원회

(라) 제기기간 : 재결서 받은 날부터 90일 이내, 이의신청을 거친 경우는 60일 이내

(마) 보상금공탁 등 : 사업시행자는 소제기 전에 이의신청에서 증액된 보상금 공탁

(바) 집행부정지 : 사업의 진행 및 토

지의 수용·사용을 정지시키지 아니함

(3) 보상금증감청구소송 [사시 52회, 행시 59회]

(가) 의의 : 수용재결 중 보상금에만 불복하여 그 증액 또는 감액을 청구 / 잔여지수용청구의 기각재결도 동일 / 법원이 보상금을 직접 결정

(나) 성질 : ① 토지수용위원회의 재결에 불복하여 토지소유자와 사업시행자가 보상금의 증감 자체를 다투는 것이므로 형식적 당사자소송임, ② 정당한 보상액을 객관적으로 확인하는 것이라는 확인소송설도 있으나, 정당한 보상액을 확정하는 것이라는 형성소송설이 타당

(다) 대상 : 보상금에 관한 법률관계 / 토지수용위원회는 피고에서 제외되므로 원처분주의와 관련 없고 수용재결은 그 전제가 될 뿐

(라) 피고 : 보상금결정에 불복하는 자가 토지소유자 또는 관계인인 때에는 사업시행자가 피고, 그 반대인 경우는 그 상대방이 피고

(마) 제소기간 : 수용재결인 경우에는 재결서를 받은 날부터 90일, 이의신청 거친 경우는 이의신청 재결서 받은 날부터 60일 이내에 제기할 수 있음

(바) 보상금공탁 등

(마) 집행부정지

101 손해전보제도의 흠결보완

<개 513, 연 342,360,371>

1. 수용유사침해에 대한 보상

(1) 의 의

위법한 공용침해로 인한 특별한 희생에 대한 보상을 말함 / 손실보상의 요건을 갖추었으나 보상에 관한 규정을 두지 아니하여 동법률에 근거한 공용침해가 결과적으로 위헌이 된다는 의미

(2) 근 거

(가) 독일 : 연방최고재판소의 판례로 기본법 제14조 제3항(손실보상)을 유추적용 하던 것을 연방헌법재판소가 1981년 자갈채취사건에서 보상규정 없는 공용침해를 위헌으로 판결하여, 그 후 프로이센 일반주법 제74조와 제75조에 기초한 관습법으로서의 희생보상청구권에서 찾음

(나) 우리나라 : ① 독일에서와 같은 판례법이나 관습법이 없으므로 인정할 수 없고 손해배상제도의 확대를 통해 해결해야 한다는 부정설과, ② 헌법상의 여러 조항(11, 23①③, 37①②)의 유기적 해석을 통해 인정할 수 있다는 긍정설이 대립되는바, 판례는 아직 없으나 긍정설이 타당

(3) 성립요건

① 재산권침해, ② 공용침해, ③ 특별한 희생, ④ 침해의 위법성(위법·무과실의 침해)/ 침해의 위법성(위헌) 외에는 손실보상요건과 동일

(4) 손해전보와의 구별

① 적법한 공용침해에 대한 보상인 손실보상과 구별되며, ② 위법·유책의 손해에 대한 국가배상과 구별됨

2. 수용적 침해에 대한 보상

(1) 의 의

적법한 행정작용의 결과 부수적으로 타인의 재산권에 수용적 효과를 가져 오는 침해에 대한 보상을 말함 / 적법한

침해이나 시간의 흐름에 따라 수인의무가 없을 정도의 침해가 된 경우

(2) 근 거

① 헌법 제23조 제3항의 유추적용을 인정하는 유추적용설, ② 헌법 제23조 제3항을 직접 근거로 청구 가능하다는 직접적용설, ③ 입법적으로 해결해야 된다는 입법필요설로 나뉨

(3) 성립요건

① 재산권침해, ② 공용침해, ③ 침해의 비의도성, ④ 특별한 희생, ⑤ 침해의 적법성과 그 결과로서의 손해발생 / 침해의 비의도성 외에는 손실보상 요건과 동일

3. 희생보상청구권

(1) 의 의

행정청의 공권력행사에 의하여 개인의 비재산적 법익(생명·신체·자유·명예 등)에 가해진 손실에 대한 보상청구권을 말함 / 보상규정이 없는 경우 재산권침해에 대한 보상규정인 헌법 23③ 유추적용 가능성 문제(독일은 관습법 근거)

(2) 인정여부

① 헌법 제23조 제3항은 비재산적 침해에 대한 근거가 될 수 없으므로 법률의 근거규정이 없는 한 허용될 수 없다는 부정설, ② 헌법 제23조 제3항, 제10조, 제12조, 제11조 등을 직접 근거로 보상청구 가능하다는 직접적용설, ③ 헌법 제23조 제3항과 기본권보장 및 법치국가원리에서 유추적용 가능하다는 유추적용설이 대립되는바, 유추적용설이 타당함

(3) 성립요건

① 공공필요를 위한 공행정작용에 의한 침해, ② 비재산적 법익에 대한 침해, ③ 특별한 희생, ④ 재산적 손실의 발생(치료비·요양비·일실소득), ⑤ 보상법규의 부존재

4. 행정상 결과제거청구권

(1) 의 의

위법한 행정작용의 결과로 남아있는 상태로 인하여 자기의 법률상 이익을 침해받고 있는 자가 행정주체에 대하여 그 위법한 상태를 제거하여 줄 것을 청구하는 것을 말함〈원상회복청구권(취소소송 인용판결의 기속력)〉

(2) 법적 근거

헌법상 법치행정의 원리(107), 기본권 규정, 민법상 소유물반환청구(213)·소유물방해제거청구(214) 등을 유추적용, 행정소송법상 관련청구의 이송 및 병합·당사자소송도 근거 될 수 있음

(3) 요 건

① 행정주체의 공행정작용으로 인한 침해행위, ② 타인의 법률상 이익의 침해, ③ 위법한 상태의 존재(취소사유인 경우는 공정력으로 인해 이 청구권 성립불가), ④ 위법한 상태의 계속

(4) 내 용

위법한 행정작용에 의하여 야기된 결과적 상태를 제거하여 침해가 없는 원래의 상태로 회복시켜 줄 것 청구 / 따라서 위법한 것이 취소된 경우에는 불성립

(5) 한 계

① 기대가능성에 의한 한계, ② 비용 또는 신의성실의 원칙에 의한 한계, ③ 과실상계규정에 의한 한계

(6) 쟁송절차

행정소송법상 당사자소송/ 취소소송과 관련청구병합 가능

102 이의신청

<개 525, 연 466,491>

1. 의의 및 근거

위법·부당한 행정처분으로 인하여 권익을 침해당한 자의 청구에 의하여 처분청 자신이 재결청이 되어 재심사 하는 개별법상의 절차(예: 국세기본법상의 이의신청, 민원사무처리에관한법률 18①④, 도로교통법 94 등)

2. 법적 성질

처분의 적법성과 합목적성 확보를 위한 처분청 내부의 시정절차 / 따라서 행정심판법 절차에 따라 제3기관이 하는 행정심판과 구별됨

3. 이의신청의 결정에 대한 불복

(1) 기각결정

이의신청에 대한 기각결정은 원처분을 유지하는 것이므로 이의신청인의 권리의무에 변동이 없어 항고쟁송의 대상이 아니므로 원처분을 다투어야 함.

(2) 인용결정

이의신청에 대한 인용결정이나 수정결정은 원처분의 변경결정이므로 항고쟁송의 대상

(3) 재조사결정

이의신청에 대한 재조사결정은 후속처분에 따라 항고쟁송의 대상이 결정됨

103 행정심판기관

<개 534>

1. 의의 및 성질

행정심판의 청구를 수리·심리·재결하여 행정상 법률관계에 관한 분쟁을 해결하는 권한을 가진 행정기관(합의제행정청) / 심리기관 + 재결기관

2. 일반 행정심판위원회

(1) 설 치

시·도지사 소속, 해당 행정청 소속(감사원, 국회사무총장, 법원행정처장, 국가인권위원회 등)에 두며, 위 소속 행정청의 처분등에 대한 심판청구를 심리·재결

(2) 구 성

위원장 1인 포함 50인, 회의는 위원장과 위원장이 회의마다 지정하는 8명의 위원, 외부의 위촉위원은 6명 이상

(3) 위원의 위촉 및 지명

해당 행정심판위원회가 소속된 행정청이, ① 변호사 자격을 취득한 후 5년 이상 실무경험, ② 고등교육법에 따른 학교에서 조교수 이상 재직하거나 재직하였던 사람, ③ 행정기관의 4급 이상 공무원이었거나 고위공무원단에 속하는 공무원이었던 사람, ④ 박사학위 취득 후 해당 분야 5년이상 근무경험 있는 사람, ⑤ 행정심판의 지식·경험 풍부한 사람 중에서 성별을 고려하여 위촉하거나 그 소속 공무원 중에서 지명

3. 중앙행정심판위원회

(1) 설 치

「부패방지 및 국민권익위원회의 설치

와 운영에 관한 법률」에 따른 국민권익위원회에 두며, 감사원, 국가행정기관의 장, 시·도지사(교육감) 또는 시·도의 의회 등의 처분 또는 부작위에 대한 심리·재결을 함

(2) 구 성

국민권익위원회 부위원장인 위원장 1인 포함 70명 이내의 위원, 상임위원 4명 이내, 회의는 9명으로 구성

(3) 위원의 위촉 및 지명

비상임위원은 추천인사 중 중앙행정심판위원장의 추천으로 국무총리가 위촉, 임기 3년 1차 연임 가능

4. 행정심판위원 등의 제척, 기피, 회피

심리·의결의 공정을 기하기 위해 인정

5. 행정심판위원회의 권한

① 당사자 등의 주장·반박, 증거자료 등 수집·조사하는 심리권, ② 심판청구에 대한 재결권, ③ 불합리한 법령 등의 시정조치요청권 등

104 행정심판의 당사자 및 관계인

<개 540, 연 489>

1. 청구인 [입시 30회]

(1) 의 의

행정청의 처분 등에 불복하여 심판청구를 제기하는 자를 말함

(2) 청구인적격

심판청구의 청구인이 되어 재결을 받을 수 있는 법적 자격을 말함

(가) "당해 처분의 상대방인지의 여부에 관계없이 구체적인 처분의 취소나 변경을 구할 **법률상 이익이 있는 자가** 가진다"(법13)의 의미에 관해, ① 법률상 보호이익설(처분의 근거가 된 실정법규에 의하여 보호되고 있는 것으로 인정되는 것), ② 보호가치이익설(심판절차에 의하여 보호할 가치있는 이익)이 나뉘나 전설이 통설과 판례의 입장

(나) 청구인적격상의 문제 : 항고소송의 원고적격과 동일하게 규정한 것에 대해, 과오설과 비과오설의 대립 있음

(3) 법인이 아닌 사단·재단의 청구인 능력

그 사단이나 재단의 이름으로 청구가능

(4) 선정대표자

여러 명의 청구인이 공동으로 심판청구를 할 때에 3명 이하의 선정대표자 선정 가능, 다른 청구인들은 그 선정대표자를 통해서만 그 사건에 관한 행위 가능 / 선정대표자는 다른 청구인들을 위한 그 사건의 모든 행위 가능

(5) 청구인의 지위승계

① 당연승계(청구인의 사망, 법인 합병 등에 그 상속인, 설립법인이 청구인의 지위승계), ② 허가승계(양수자가 승계하는 경우)

2. 피청구인

(1) 피청구인적격

심판청구를 제기 받은 상대방인 당사자, 당해 심판청구의 대상인 처분을 한 처분청 또는 부작위청(법17)

(2) 피청구인의 경정

심판청구를 제기하면서 피청구인을 잘못 지정한 경우 / 행정심판위원회가 직권 또는 신청에 의해 결정으로 경정 가능

3. 관계인

(1) 참가인

(가) 의의 : 행정심판의 당사자 이외에 그 심판결과에 이해관계가 있는 제3자나 행정청으로서 해당 행정심판절차에 참가하는 자를 말함

(나) 참가방법 : ① 신청에 의한 참가(재결 주문에 의해 법률상 이익을 침해받을 자, 위원회 의결 전까지), ② 위원회의 요구에 의한 참가

(다) 참가인의 지위 : 당사자가 할 수 있는 심판절차상의 행위 가능

(2) 대리인

당사자는 대리인 선임 가능, 법정대리인 외에 배우자, 변호사 등/ 국선대리인 신청 가능

105 행정심판청구기간(법27)

<개 545>

1. 원칙적인 청구기간

① 처분이 있음을 알게 된 날부터 90일 이내(불변기간, 당사자가 통지·공고 그 밖의 방법으로 당해 처분이 있은 것을 현실적으로 안 날), ② 정당한 사유가 없는 한 처분이 있었던 날부터 180일 이내(처분이 효력발생한 날, 고시·공고가 있은 후 5일), ③ 무효확인심판청구와 부작위에는 적용 없음

2. 예외적인 심판청구기간

불가항력으로 청구할 수 없었을 때는 그 사유가 소멸한 날부터 14일(국외 30일) 이내, 정당한 사유 있으면 있은 날부터 180일 경과 후에도 가능

3. 복효적 행정행위의 심판청구기간

복효적 행정행위의 제3자는 기간 내에 심판청구가 가능하였다는 특별한 사정이 없는 한 '정당한 사유가 있는 경우'에 해당

4. 행정심판청구기간의 불고지 등의 경우

실제보다 긴 기간으로 잘못 알린 경우 그 기간 내에, 불고지의 경우에는 처분이 있은 날부터 180일 이내

106 심판청구의 변경

<개 548, 연 414>

1. 의 의

심판청구의 계속 중에 청구인이 당초에 청구한 취지 등을 변경하는 것

2. 태 양

① 청구의 기초에 변경이 없는 범위에서의 변경(동법 29①), 신·구의 청구가 구제받으려는 법률상 이익이 동일해야함을 의미. ② 새로운 처분이나 처분변경으로 인한 변경(동조②)

3. 요 건

① 청구기초에 변경 없거나(동조①), 새로운 처분이나 처분변경(동조②), ② 심판청구 계속 중, ③ 사실심변론종결 전

4. 절 차

서면으로 피청구인과 참가인 수만큼 그 부본 함께 제출하고, 위원회는 기간을 정하여 피청구인과 참가인에게 의견제

출 기회 줌(동조③④⑤)

5. 효 과

위원회의 변경결정이 있으면 처음 행정심판이 청구되었을 때부터 청구의 취지나 이유로 행정심판이 청구된 것으로 봄(동조⑧)

107 처분사유의 추가·변경

<개 549, 연 401>

1. 의 의

당초 처분시에 존재하였지만 처분이유로 제시하지 아니하였던 사실 및 법적 근거를 행정심판 계속 중에 추가하거나 변경하는 것을 말함

2. 허용여부

(1) 학 설

행정청 내부의 자율적 자기시정기능이므로 인정해야 한다는 긍정설, ② 행정심판은 준사법적 쟁송절차이므로 실질적 법치주의와 상대방의 신뢰보호·방어권보장의 조화의 필요성에서 제한적으로 허용할 수 있다는 제한적 긍정설이 대립됨

(2) 판 례

항고소송상의 처분사유의 추가변경은 행정심판단계에서도 적용가능(대판 2014. 5.16. 2013두26118. 시장정비사업추진계획)

(3) 검 토

행정심판도 권리구제수단인 준사법적 쟁송절차이므로 제한적으로 허용함이 타당

3. 허용범위

① 쟁송물의 범위내, ② 기본적 사실관계의 동일성, ③ 처분시 존재하던 사유, ④ 사실심종결시까지 허용

108 가구제

<개 551, 연 367,389> [5급 18년]

1. 집행정지(법30)

(1) 의의, 성질

행정처분 등의 효력이나 그 집행 또는 절차의 속행의 전부 또는 일부를 정지하는 것을 말함 / 소극적 현상동결성과 보전적 절차

(2) 요 건

집행정지결정을 위해 적극적으로 존재해야할 적극적 요건과, 집행정지결정을 위해 존재해서는 아니 될 소극적 요건으로 나뉨

(가) 적극적 요건 : ① 집행정지 대상인 처분의 존재(부작위 및 집행정지 이익 없는 거부처분은 대상 아님), ② 심판청구가 재결청에 계속, ③ 처분이나 그 집행 또는 절차의 속행으로 '중대한 손해'가 생기는 것 예방할 필요성, ④ 긴급하다고 인정할 때

(나) 소극적 요건 : 공공복리에 중대한 영향을 미칠 우려가 있을 때

(3) 대 상

① 처분의 효력정지, ② 처분의 집행정지, ③ 절차의 속행정지

(4) 신청 및 결정

위원회가 당사자의 신청 또는 직권에 의해 결정

(5) 효 력

(가) 형성력 : 처분이 없었던 것과 같은 상태 실현

(나) 대인적 효력 : 당사자뿐 아니라 관계행정청과 제3자에게 미침

(다) 시간적 효력 : 결정주문에 정해진 시기까지, 정함이 없으면 재결이 있을 때까지

(6) 결정의 취소

공공복리에 중대한 영향 미치거나, 정지사유가 없어진 경우에 직권 또는 신청으로 취소 가능

2. 임시처분(법31)

(1) 의 의

행정청이 거부처분이나 부작위로 당사자가 받을 중대한 불이익이나 급박한 위험을 막기 위하여 행정심판 재결 전까지 임시적으로 지위를 부여하는 처분을 말함

(2) 요 건

(가) 적극적 요건 : ① 행정심판이 적법하게 계속 중, ② 처분 또는 부작위가 위법·부당하다고 상당히 의심, ③ 당사자에게 중대한 불이익의 우려나 급박한 위험 있을 것

(나) 소극적 요건 : ① 공공복리에 중대한 영향을 미칠 우려가 없을 것, ② 집행정지로 목적을 달성할 수 없을 것 (임시처분의 보충성)

(3) 신청과 결정

위원회가 직권이나 당사자의 신청에 의해 결정

109 재결의 종류(법43)

<개 560, 414>[입시 35회]

1. 각하재결

청구요건의 결여로 부적법한 심판청구인 경우에 본안심리를 거절하는 재결

2. 기각재결

본안심리의 결과 심판청구가 이유 없다고 인정하여 청구를 배척하고 원처분을 지지하는 재결

3. 인용재결

(1) 의 의

본안심리의 결과 심판청구가 이유 있고, 원처분이나 부작위가 위법 또는 부당하다고 인정하여 청구의 취지를 받아들이는 내용의 재결

(2) 종 류 [사시 49, 51회]

(가) 취소재결 : ① 취소심판청구가 이유 있다고 인정하여 위원회가 스스로 취소하는 재결이며, 처분청의 별도의 취소행위 없이 취소재결로 당해 처분 소멸(형성재결) / 가분적인 경우 일부 취소 가능, ② 위원회가 스스로 다른 처분으로 변경하는 재결(변경재결)과 처분청에 대하여 다른 처분으로 변경할 것을 명하는 재결(변경명령재결)/ 전자는 형성재결, 후자는 명령재결

(나) 무효등확인재결 : 처분의 효력유무 또는 존재여부를 확인하는 재결

(다) 의무이행재결 : 의무이행심판에서, ① 위원회가 스스로 신청에 따른 처분을 직접 하거나(처분재결), ② 피청구인에게 처분을 할 것을 명하는 재결(처분명령재결) / 전자는 형성재결, 후자는 명령재결

(3) 형성재결과 명령재결의 선택여부

① 처분청의 처분권 존중에서 처분명령

재결이 원칙이라는 **명령재결설**과, ② 위원회의 선택재량이라는 **재량설**이 대립됨. 생각건대, 행정심판법상 명령재결과 형성재결을 병렬적으로 규정하고 있고 신속한 권리구제라는 행정심판의 기능에서 재량설이 타당하나, 기속행위는 형성재결을, 재량행위는 재량권 존중에서 명령재결을 함이 타당

(4) 명령재결의 내용의 특정성 정도

① 국민의 권리구제와 행정처분의 합법성의 원칙상 신청에 따른 특정처분을 명해야 한다는 **특정처분명령설**, ② 처분청의 처분권을 존중하여 재결취지의 범위에서 일정한 처분을 명해야 한다는 **일정처분명령설**, ③ 해당 처분이 기속행위이면 신청에 따른 특정 처분을 명하고 재량행위이면 재량권 존중에서 재량권의 하자 없는 일정처분을 명해야 한다는 **기속행위와 재량행위 구별설** 등이 나뉨. ④ 생각건대, 해당 처분이 기속행위이거나 관계법령상 특정처분을 내려야 하는 것이 명백한 경우 이외에는 처분청의 처분권을 존중하여 일정한 처분을 명하는 재결이 타당(절충설).

4. 조 정(법 43의2)

(1) 의 의

행정심판위원회가 당사자의 동의를 받아 심판청구의 신속하고 공정한 해결을 위하여 재결을 거치지 아니하고 양 당사자의 합의를 이끌어 내는 분쟁해결방법

(2) 절 차

당사자 등에게 조정의 이유와 취지설명, 조정서에 당사자 서명 및 위원회가 이를 확인

(3) 효 과

조정서가 청구인에게 송달되었을 때 효력발생, 기속력 발생/ 조정에 대해 행정심판청구 불가

5. 사정재결(법44)

(1) 의 의

심리결과 청구에 이유 있다고 인정하는 경우에도 그 처분을 취소·변경하는 것이 공공복리에 크게 위배된다고 인정하여 그 심판청구를 기각하는 재결을 말함 / 흠의 치유가 아니므로 재결주문에 위법 또는 부당함을 명시 / 무효등확인 심판에는 부적용

(2) 요 건

① 청구가 이유 있다고 인정될 것, ② 청구인용의 재결을 하는 것이 공공복리에 크게 위배된다고 인정될 것

(3) 구제방법

사정판결을 하는 경우 상당한 구제방법을 취하거나, 피청구인인 행정청에게 상당한 구제방법을 취할 것을 명할 수 있다(손해배상, 제해시설설치 등).

110 재결의 기속력(법49)

<개 564, 연 389> [사시 51, 법행 36]

1. 의 의

피청구인인 행정청과 그 밖의 관계행정청이 그 재결의 취지에 따르도록 기속하는 효력을 말함 / 행정청은 재결내용의 실현의무 발생 / 인용재결의 효력

2. 내 용

(1) 반복금지효

처분청은 같은 사정하에서 같은 이유로 동일인에게 같은 내용의 처분을 되풀이 하지 못함 / 위법사유 보완 하여 행한 처분은 가능

(2) 재처분의무

(가) 거부처분에 대한 취소 또는 무효 등확인 재결의 경우 재결 취지에 따른 처분을, (나) 의무이행명령재결의 경우 재결 취지에 따른 처분을, (다) 절차하자를 이유로 한 취소재결의 경우 재결의 취지에 맞게 소정 절차에 따라 신청에 대한 처분을, (라) 변경명령재결의 경우 재결에 따라 다른 처분으로 변경처분을 해야함.

(3) 원상회복의무

3. 범 위

(1) 주관적 범위

당사자와 참가인 및 피청구인인 행정청과 그 밖의 관계행정청

(2) 객관적 범위

재결의 주문 및 그 전제가 된 요건사실의 인정과 효력의 판단(처분 등의 구체적인 위법사유의 판단)

(3) 시간적 범위

처분시까지의 위법사유/ 의무이행심판의 경우는 재결시까지

4. 위반의 효과

무효 / 의무이행심판의 경우 직접처분 신청가능

111 직접처분 및 간접강제

<개 566, 389,401>
[5급 18년, 법행 36회]

1. 직접처분(법 50)

(1) 의 의

행정청이 재결의 취지에 따라 이전의 신청에 대한 처분을 하지 아니한 경우에 청구인의 신청에 따라 위원회가 당해 처분을 직접 행하는 것을 말함(50①).

(2) 요 건

① 의무이행심판 인용재결의 존재(단, 취소심판의 변경명령재결 및 거부처분취소재결의 경우에도 인정하는 적극설 타당), ② 행정청의 재결의 불이행, ③ 당사자의 신청, ④ 위원회의 시정명령, ⑤ 시정명령의 불이행

(3) 범위 및 효과

기속력의 범위 내(재결의 주문에 기재된 내용에 한정), 직접처분의 사실을 통보받은 해당 행정청은 법령에 따라 관리·감독해야 함(동법 50②)

(4) 한 계

해당 처분의 성질이나 그 밖에 불가피한 사유가 있는 경우 아니할 수 있음

(5) 직접처분에 대한 불복

자치사무의 경우 행정소송 가능여부에 관해, ① 자치권은 권리주체의 법률상 이익이므로 가능하다는 긍정설과, ② 처분청의 직접처분의 관리감독의무 및 인용재결의 기속력 때문에 불가하다는 부정설 대립

2. 간접강제(법 50의2)

(1) 의 의

피청구인이 거부처분이나 부작위에 대한 인용재결에 따른 의무를 이행하도록 배상금부과의 방법으로 심리적 압박을 가하는 위원회의 간접적 의무이행강제

수단임

(2) 요 건

① 거부처분에 대한 취소재결이나 무효등확인재결 또는 의무이행재결 및 절차하자로 인한 취소재결의 존재, ② 행정청의 재처분의무의 불이행

(3) 절 차

(가) 청구인의 신청

(나) 위원회의 결정 : ① 위원회가 처분을 하는데 필요한 상당한 기간 정해야, ② 상당한 기간 내에 처분청의 재처분의무의 불이행, ③ 위원회의 피청구인에 대한 배상명령

(다) 결정내용변경 : 사정변경에 따라 당사자의 신청으로 변경가능

(라) 신청 상대방의 의견청취

(4) 불복방법

행정소송 제기

(5) 결정의 효력

피청구인인 행정청이 소속된 국가·지방자치단체 또는 공공단체에 미치며, 결정서 정본은 민사집행법에 따른 집행권원과 같은 효력

(6) 강제집행에 관한 민사집행법의 준용

112 재결의 형성력 등

<개 569>

1. 형성력

재결이 있으면 처분청의 별도의 행위를 기다릴 것 없이 재결의 내용에 따라 행정법관계에 직접적인 변동을 가져오게 하는 것을 말함/ 취소재결이 있으면 처분시에 소급하여 처분 소멸, 변경재결 있으면 원처분은 소멸되고 변경된 내용에 따른 효력발생/ 제3자에게도 미치는 **대세적 효력** 임

2. 기판력

재결은 행정기관 내부의 행위로 항고소송의 대상인 처분 등에 해당되어 처분청을 기속하지만 법원의 판결에서와 같은 기판력은 인정되지 아니 한다.

3. 집행력의 문제

재결은 집행력의 문제가 발생하지 아니함이 보통이나, 거부처분에 대한 취소재결이나 무효등확인재결 또는 의무이행재결의 경우 민사집행법의 규정을 준용할 수 있음

113 재결에 대한 불복

<개 571, 연 389,401>

1. 재심판청구의 금지

개별법에 특별한 규정이 없는 한 다시 행정심판청구 불가

2. 재결에 대한 행정소송 [입시 32회]

인용재결에 대한 피청구인인 처분청의 행정소송 제기가능성 여부

(1) 학 설

① 자치사무의 경우 인정된다는 제한적 긍정설과, ② 국민의 권리구제제도라는 항고쟁송의 본질과 인용재결의 기속력을 근거로 부정하는 부정설이 대립

(2) 판 례

인용재결의 기속력에 따라 처분청이 불복할 수 없다고 하여 부정함(대판 97누15432)

(3) 검 토

항고소송의 국민의 권리구제기능 및 인용재결의 기속력 등으로 부정함이 타당

114 고지제도(법58)

<개 572, 연 414,480>

1. 의 의

행정청이 행정행위를 함에 있어서 상대방이 행정심판 제기를 하고자 하는 경우의 필요사항을 알려주어야 할 의무를 지는 제도를 말함

2. 성 질

비권력적 사실행위로서 훈시규정

3. 종 류

(1) 직권에 의한 고지

(가) 대상 · 내용 : 행정심판의 대상이 될 수 있는 처분 / 행정심판 제기가능 여부, 청구절차, 제기기간

(나) 상대방 · 방법 · 시기 : 해당 처분의 상대방 / 서면에 의한 처분의 경우에는 서면으로 / 처분시

(2) 신청에 의한 고지

신청권자는 처분에 대한 이해관계자이며 / 대상과 내용은 직권에 의한 경우와 같고 / 고지를 요구 받은 때 지체 없이 해야 함

4. 불고지 및 오고지의 효과

(1) 불고지의 효과

고지를 하지 아니하여 심판청구서를 다른 행정기관에 제출하면 지체 없이 정당한 기관에 보내고, 심판청구기간의 고지가 없으면 처분이 있은 날부터 180일 이내 제기하면 됨

(2) 오고지의 효과

심판청구서를 잘못 제출하면 정당한 기관에 보내고, 청구기간을 길게 알렸으면 그 고지 기간 내에, 짧은 기간의 경우는 행정심판법의 규정대로 하면 됨

115 행정소송의 한계

<개 580>

1. 사법권의 한계에서 오는 한계

법률적 쟁송(구체적인 권리 · 의무에 관한 법령적용상의 분쟁)이어야 함

(1) 구체적 사건성

구체적이고 현실적인 권리 · 의무에 관한 분쟁이어야 함. 따라서 ① 법령의 효력 및 해석, ② 반사적 이익, ③ 객관적 소송, ④ 사실행위 등은 구체적 사건성 결여

(2) 법적 해결성

법령 해석 · 적용으로써 해결 가능해야 하므로, ① 통치행위, ② 재량행위 등은 법적 해결성이 결여될 수 있음

2. 권력분립에서 오는 한계

행정청에 직접 일정한 작위 · 부작위를 명하는 판결(의무이행소송, 예방적 금지소송 등)이 가능한지에 대해 견해대립

(1) 학 설

① 권력분립을 형식적 · 정치적으로 파악하여 권력분립에 반한다는 소극설과, ② 권력분립을 실질적 · 기능적으로 파악하고 사법권의 개인의 권익보호 기능의 입장에서 권력분립에 반하지 않는다는 적극설 및 ③ 처분요건이 일의적이고 사전구제 요청과 다른 구제수단 없

는 경우에는 인정된다는 절충설(제한적 긍정설)이 대립됨

(2) 판 례

이행판결이나 예방적 금지소송을 부인하여 소극설을 취함

(3) 검 토

현행 행정소송법의 해석상 제한적 긍정설은 가능하다고 봄

116 소송물

<개 585>

1. 의 의

원고의 청구취지 및 청구원인에 의해 특정되고 법원의 심판대상과 범위가 되는 기본단위로서, 소송의 목적물 내지 소송의 객체를 말함/ 확정판결이 있으면 소송물의 범위 안에서만 기판력이 발생하므로 기판력의 객관적 범위, 소의 변경과 청구의 병합의 여부, 처분사유의 추가·변경의 가부 등과 관련됨

2. 학 설

무엇이 소송물인지에 대해, ① 취소소송의 성질을 형성소송으로 보고 취소소송의 형성요건이 행정처분의 위법성이기 때문에 행정청의 위법성 일반이 소송물이라는 **위법성일반설**, ② 소송물을 개별적인 위법사유라고 하여 위법사유를 달리 할 때마다 소송물도 다르다는 **개별위법사유설**, ③ 행정처분에 의해 창설된 법관계의 취소를 구할 법적 지위인 취소청구권이 소송물이라는 **위법처분취소청구권설**, ④ 처분의 위법성과 이를 근거로 한 처분 등의 취소를 구하는 원고의 법적 권리주장이 소송물이라는 **위법성과 권리주장설**, ⑤ 처분시에 구체적인 처분요건 내지 처분권한의 존부가 소송물이라는 **처분권한존부설** 등으로 나뉨

3. 판 례

"과세처분취소소송의 소송물은 그 취소원인이 되는 위법성 일반"이라고 하여 위법성일반설을 취함(대판 1990.3.23. 89누5386 등)

4. 검 토

취소소송은 위법한 처분 등을 취소 또는 변경하는 소송이고 분쟁을 일회적으로 해결하는 것이 국민의 권익보호에 유리하다는 점에서 위법성일반설이 타당함

117 관련청구소송의 이송 및 병합

<개 589, 연 454,466>

1. 관련청구소송의 의의

서로 관련된 수개의 청구가 실질적 관련성을 갖는 경우에 심리의 중복과 판결의 모순·저촉을 회피하고 재판을 신속하게 진행하게 하기 위하여 하나의 절차에서 심리하도록 하는 제도를 말함

2. 관련청구소송의 범위(행정소송법 10①)

(1) 해당 처분 등과 관련되는 손해배상·부당이득반환·원상회복 등 청구소송

(2) 해당 처분 등과 관련되는 취소소송

3. 관련청구소송의 이송

(1) 의 의

취소소송과 관련청구소송이 각각 다른

법원에 계속되고 있는 경우에 관련청구소송이 계속된 법원이 상당하다고 인정하는 때에는 당사자의 신청 또는 직권에 의하여 이를 취소소송에 계속된 법원으로 이송할 수 있다(10①).

(2) 요 건

① 취소소송과 관련청구소송이 각각 다른 법원에 계속, ② 관련청구소송이 계속된 법원이 이송이 상당하다고 인정, ③ 당사자의 신청이 있거나 법원의 직권에 의해 이송결정

(3) 효 과

① 취소소송의 관할법원이 재판관할, ② 이전결정으로 처음부터 이송 받은 법원에 계속된 것으로 간주, ③ 이송 받은 법원은 다시 다른 법원에 이송 못함

4. 관련청구소송의 병합 [사시 58회 (2016)]

(1) 의 의

동일한 또는 복수의 당사자 사이에 복수의 청구를 하나의 절차에서 심판하는 것

(2) 병합의 형태

① 복수 청구의 병합인 **객관적 병합**과 복수당사자에 의한 복수의 청구인 **주관적 병합**, ② 각 청구가 다른 청구의 당부와 관계없이 심판을 구하는 **단순병합**과 수개의 청구를 그 하나가 인용되는 것을 해제조건으로 다른 청구를 병합하는 **선택적 병합**, ③ 제1차(주위적) 청구의 인용을 해제조건으로 제2차(예비적) 청구에 대해서도 미리 심판을 구하는 **예비적 병합**, ④ 처음부터 병합하는 **원시적 병합**과 소송계속 중 추가하는 **추가적 병합** 등 및 이의 결합형태

(3) 병합의 요건

(가) 주된 행정소송과의 관련 : 법 10조 1항 각호, 청구의 내용·법률원인이 공통되거나 그 처분의 효력이 선결문제로 되는 경우 등

(나) 각 청구의 적법성 : 각각 소송형태에 따른 소송요건 충족해야

(다) 병합의 시기 : 사실심변론종결 전

118 원고적격

<개 593, 연 172,434,445,491,574>
[행시 55, 61회, 5급 19년, 입시 21회, 변시 8회]

1. 의 의

특정한 소송에서 원고가 될 수 있는 자격을 말함

2. 범 위

원고적격을 규정한 행정소송법 제12조의'법률상 이익'의 의미에 관해,

(1) 학 설

① 권리를 뜻한다는 권리구제설, ② 법률상 보호된 이익을 뜻한다는 **법률상 이익구제설**, ③ 보호할 만한 가치 있는 이익을 포함한다는 보호가치이익설, ④ 행정의 적법성 보장을 의미한다는 적법성보장설 등이 대립됨

(2) 판 례

법률상 이익이란 **당해 처분의 근거법률에 의하여 보호되는 직접적이고 구체적인 이익이 있는 경우**를 말한다고 하여 법률상 이익구제설을 취함(대판 1995.9.26. 94누14544 등)

(3) 검 토

오늘날 복잡다양한 행정분쟁의 해결을 위해서는 실정법의 존부에만 의존하는 엄격한 법률상 이익구제설 보다 탄력적인 보호가치이익설을 통해 원고적격의 범위를 넓힘이 타당

3. '법률상 이익'의 판단기준

(1) '법률'의 의미

근거법령 및 관련법령을 포함하나, 헌법 등 포함여부에 관한 판례는 인정판례와 부인판례 있음

(2) '법률상 이익'의 의미

해당 처분의 근거법령과 관련법령에 의해 보호되는 개별적·직접적·구체적 이익으로 사익보호성이 인정되는 사적 이익을 말함 / 법률상 이익의 판별기준은 법령기준설, 피침해이익기준설, 수인한도설 등을 종합한 종합설(판례)에 따름

4. 법률상 이익이 있는 '자'의 의미

① 상대방 및 제3자, ② 법인격 없는 단체를 포함

(1) 국가·지방자치단체·국가기관

부인함이 타당, 판례도 원칙적으로 부인하나, 지방선관위의 국민권익위원회의 조치요구에 대한 사건에서와 같이 다른 쟁송방법이 없는 경우에 한해 인정함(대판 2013.7.25. 2011두1214)

(2) 행정심판 피청구인인 지방자치단체

자치사무에 관한 인용재결의 경우 지방자치단체는 원고적격이 인정된다는 제한적 긍정설도 있으나, 국민의 권리구제제도라는 항고소송의 본질과 인용재결의 기속력을 근거로 불복할 수 없다는 부정설이 타당하며, 판례도 또한 같다(대판 1998.5.8. 97누15432).

5. 제3자의 원고적격 [사시 53, 55, 57회, 행시 52, 53, 54, 55, 58회, 입시 19, 22, 23, 36회, 변시 1, 5, 10회, 법행 34회]

(1) 제3자의 의미

해당 처분의 직접 상대방 이외의 자로서 해당 처분의 취소 등을 구할 법률상 이익이 있는 자를 말함

(2) 경업자소송

경쟁관계 있는 영업자에 대한 처분을 다른 영업자가 다투는 소송(특허기업)/ 서로 경쟁관계에 있는 경우 일방에 대한 허가 등의 처분이 타방에 대한 불이익으로 귀결될 수 밖에 없는 경우에 그 불이익자는 원고적격 인정/ 특허기업인 경우 인정되고 허가기업인 경우 부인(대판 2010.6.10. 2009두10512, 기존 노선에 겹치는 새로운 노선버스면허)

(3) 경원자소송

인허가 등에서 양립할 수 없는 출원을 제기한 자들 사이의 소송(배타적 관계)/ 인허가처분의 신청자 중 일부에 대해서만 인허가가 가능한 경쟁관계에 있는 경우 그 일방에 대한 인허가는 다른 신청자들은 불허가로 귀결될 수밖에 없는 경우(대판 1992.5.8. 91누13274, 엘피지충전소허가처분취소)

(4) 인인소송

특정인에 대한 수익적 처분이 인근주민에게는 불이익이 되는 경우 그 인근주민이 자기의 법률상 이익의 침해를 다투는 소송(대판 1998.9.22. 97누19571, 발전소건설사업승인처분의 경우 환경영향평가대상지역 안의 주민은 원고

적격인정되나 그 지역 밖의 주민이나 일반국민은 수인한도를 넘는 환경피해 입증해야 인정)

119 협의의 소익

<개 604, 연 454,574,683> [행시 61회, 5급 19년]

1. 의 의

원고의 재판청구에 대하여 법원이 판단을 행할 구체적 실익 내지 필요성을 말함

2. 관련규정

행정소송법 제12조 후문 "처분 등의 효과가 기간의 경과, 처분 등의 집행 그 밖의 사유로 인하여 소멸된 뒤에도 그 처분 등의 취소로 인하여 회복되는 법률상 이익이 있는 경우에는 또한 같다"

(1) 협의의 소익에 관한 규정여부

① 원고적격 규정설과 ② 협의의 소익 규정설(다수설)이 있는바, 일반적인 소의 이익에 대한 예외규정이라 할 것이므로 협의의 소익 규정설이 타당

(2) '법률상 이익'의 의미

(가) 학설 : ① 원고적격과 같은 의미로 보는 소극설(동일설)과, ② 위법을 확인할 정당한 이익이 있는 경우에 인정되는 넓은 개념으로 보는 적극설(광의설, 다수설)로 나뉨

(나) 판례 : 행정소송법 제12조 전문과 후문을 구별하지 않고 소극설의 입장을 취함(대판 96누7397 등)

(다) 검토 : 반복위험의 방지를 위해 필요한 경우라든가 불이익을 사전에 제거하여 법적 지위의 불안·위험을 제거하기 위한 경우 등 위법확인의 정당한 이익이 있는 경우에는 인격적·경제적·사회적 이익 등도 구체적인 경우에 개별적으로 판단하여 소의 이익을 인정할 수 있다는 점에서 적극설이 타당

3. 소의 이익이 부인되는 사례

(1) 처분의 효력이 소멸한 경우

원칙적으로 소익아 부정되나, 법 제12조 후문의 경우 아래와 같이 예외적으로 소익이 인정됨. 즉, ① 반복위험성 있는 경우, ② 선행처분의 하자가 후행처분에 승계될 수 있는 경우, ③ 존속기간 만료 전에 하였던 처분, ④ 가중적 제재처분 등 [사시 45, 55회, 행시 44, 50, 57회, 입시 23, 29회, 변시 4회]

(가) 가중적 제재요건이 법령으로 정해진 경우 : 법령위반이 되풀이됨에 따라 제재요건이 가중되는 경우, 법률상 지위에 대한 위험·불안을 제거하고 향후 불이익을 사전에 방지위해 소익 인정

(나) 가중적 제재요건이 행정규칙으로 정해진 경우

(a) 학설 : ① 행정규칙은 사무처리준칙으로 대외적 구속력 없으므로 불이익을 입었더라도 사실상의 불이익에 불과하여 소익을 인정할 수 없다는 부정설과, ② 행정규칙이더라도 관할 행정청이나 공무원은 이를 준수할 의무가 있어 이에 따른 처분이 예견되므로 선행처분으로 인한 후행 처분의 위험은 구체적이고 현실적인 것이므로 그 불이익을 제거할 필요가 있다는 긍정설이 나뉨.

(b) 판례 : 종래 부정설을 취했으나 전원합의체판결로 긍정설로 판례변경(대판 2006.6.22. 2003두1684, 환경영향평가대행업자가 업무정지기간 중 대행업무를 하여(2차 위반) 해당법시행규칙에

따라 등록취소사유가 되자 업무정지기간이 만료된 상태에서 그 업무정지취소소송을 제기한 사건).

(c) 검토 : 행정규칙이라 하더라도 공무원은 내부관계에서 법령준수의무 및 복종의무상 이와 달리 처분하기를 기대하기 어렵다는 점에서 긍정설이 타당

(2) 원상회복이 불가능한 경우

단, 동일사유로 위법처분이 반복될 위험성 있는 경우, 면직처분 소송 중 당연퇴직의 경우 급여청구 등 소익 있음(대판 85누39)

(3) 처분 후의 사정에 의하여 이익침해가 해소된 경우

단, 권익침해 해소되지 아니한 경우는 소익 있음

(4) 불이익이 없는 처분의 경우

(5) 보다 실효적인 권리구제수단 있는 경우

120 피고적격과 피고경정

<개 611, 연 434,466> [변시 6, 법행 36]

1. 피고적격

(1) 처분행정청

소송 대상인 처분 등을 외부적으로 그의 명의로 행한 행정청

(2) 권한의 위임·위탁의 경우

권한을 위임받은 수임청이 피고

(3) 권한의 대리·내부위임의 경우

권한 자체의 이전 아니므로 **원행정청**(피대리청). 단, 수임청이 자신의 명의로 처분한 경우는 명의인인 수임청이 피고 될 수 있으나, 수임청이 대리의사로 처분을 했고 상대방도 대리한 것임을 알고 받아들인 경우는 피대리청이 피고

(4) 행정심판의 재결

재결자체에 고유한 위법인 경우에 한하므로 대상적격에 대응하여 재결청인 행정심판위원회가 피고

▷ 다만, 원고에게 유리하게 변경된 수정재결의 경우 대상적격에 관해, ① 원처분설, ② 변경처분설, ③ 변경된 원처분설(통설, 판례)이 대립되므로, 이에 대응하여 ③설에 따라 피고도 원처분청

(5) 지방의회의 의결의 경우는 지방의회가, 처분적 조례의 경우는 이를 공포한 지방자치단체장

(6) 다른 법률에 특별한 규정이 있는 경우 그 규정에 따라

(7) 권한승계의 경우 승계한 행정청이, 기관폐지의 경우는 그 사무의 귀속주체

2. 피고경정

(1) 의 의

소송계속 중 피고로 지정된 자를 다른 자로 변경하는 것

(2) 허용되는 경우

① 피고를 잘못 지정한 때, ② 행정청의 권한변경이 있은 때, ③ 소변경이 있은 때

(3) 요 건

① 소송이 법원에 계속 중, ② 원고가 피고를 잘못 지정, ③ 원고의 피고경정 신청

(4) 절 차

원고의 신청 또는 직권으로 법원의 결정으로

(5) 효 과

새로운 피고에 대한 소송은 처음에 소송을 제기한 때에 제기된 것으로 보며, 종전 소는 취하된 것으로 봄

121 소송참가

<개 615, 연 434,445,683> [사시 53회]

○ 의 의

소송계속 중 소송 외의 제3자가 타인 사이의 소송의 결과에 따라 자기의 법률상 이익에 영향을 미치게 될 경우에 자기의 이익을 위하여 그 소송절차에 가입하는 것을 말함

1. 공동소송 (법 15)

(1) 의 의

하나의 소송절차에서 여러 사람의 원고 또는 피고, 즉, 다수당사자가 관여하는 소송형태, 민소법 준용/ '수인의 청구 또는 수인에 대한 청구'가 공동소송인이 되는 경우임

(2) 요 건

(가) 취소청구와 관련성 : 취소청구와 소송목적이 공통되거나 사실상 또는 법률상 같은 원인에 기인한 경우

(나) 소송요건의 충족 : 각자 소송당사자로서 소송참가를 하는 것이므로 원고적격과 출소기간이 충족되어야 함. 처분청 이외의 행정청은 원고의 '수인에 대한 청구'에 따라 피고로서 공동소송인이 될 수 있으나, 권리의무의 주체가 아니어서 당사자적격이 없으므로 원고는 될 수 없다.

(3) 참가시기

소제기시(고유필수적 공동소송의 경우) 또는 사실심변론종결 전까지

2. 제3자의 소송참가(법 16) [사시 53회]

(1) 의 의

소송결과에 이해관계 있는 제3자가 신청이나 직권에 의해 소송참가 하는 것

(2) 요 건

(가) 타인간의 소송의 계속 중

(나) 소송결과에 따라 권리이익의 침해를 받을 제3자 : 원고적격요건인 법률상 이익이 침해 받는 것을 말함. / 행정청은 당사자능력이 없으므로 해당되지 않음 / 출소기간 제한 받지 않음

(3) 절 차

당사자 또는 제3자의 신청 또는 직권에 의한 결정으로 참가시킬 수 있음

(4) 참가인의 지위

민소법 제67조 준용하므로 필수적 공동소송에 있어 공동소송인에 준함

3. 행정청의 소송참가(법 17) <연 481>

(1) 의 의

피고 행정청 이외의 행정청이 당사자 또는 당해 행정청의 신청 또는 직권에 의한 결정으로 소송에 참가하는 것

(2) 요 건

① 소송계속 중, ② 참가행정청은 피고 행정청이 아니어야, ③ 피고 행정청을 위한 참가, ④ 법원이 참가시킬 필요 인정하여 참가결정

(3) 절 차

당사자 또는 해당 행정청의 신청 또는 직권에 의하여 법원의 결정

(4) 참가행정청의 지위

민소법상 보조참가인 준용

4. 민사소송법에 의한 소송참가

보조참가는 ① 소송계속 중, ② 소송결과에 이해관계 있고, ③ 당사자능력 있으면 가능하나, 공동소송참가는 부인함이 타당

122 소의 대상(대상적격)

<개 620, 연 395,445,454,466,491>
[행시 54회, 5급 19년, 변시 10회, 법행 36회]

취소소송은 처분등을 대상으로 하며(법19), '처분 등'이란 행정청이 행하는 구체적 사실에 관한 법집행으로서의 공권력의 행사 또는 그 거부와 그 밖에 이에 준하는 행정작용 및 행정심판에 대한 재결을 말함(2①(1))

1. 처 분 [변시 2,6,7회, 행시 60회, 사시 59회]

(1) 처분개념의 유형

(가) 학설 : 취소소송의 대상인 처분개념에 대해, ① 취소소송의 기능은 공정력배제에 있다고 보고 공정력을 가진 실체법상의 행정행위가 취소소송의 대상이라는 실체법상 개념설과, ② 취소소송의 권리구제기능을 중시하여 실체법상의 행정행위개념과 별도로 쟁송법상의 처분개념을 정립하려는 **쟁송법상 개념설**이 나뉨

(나) 판례 : 처분개념을 "행정청의 공법상의 행위로서, 국민의 권리의무에 직접적 변동을 초래하는 행위"라 하여 실체법상 개념설에 가까운 입장임.

(다) 검토 : 행정소송법은 공권력행사 이외에 이에 준하는 행정작용까지 처분개념에 포함시킨 점에서 쟁송법상 개념설을 취한 것으로 볼 수 있음

(2) 처분의 개념요소

(가) 행정청 : 권한의 위임이나 위탁 받은 행정기관, 공공단체, 사인도 포함

(나) 구체적 사실에 관한 행위 : 구체적 사실에 대한 법집행행위에 한하며, 일반적·추상적 법령 등은 제외 / 일반처분과 구체적 집행행위의 개입 없이 구체적 법적 효과를 발생하는 법령은 처분성 인정(처분적 법령)

(다) 법집행행위 : 법규성이 인정되는 법규범에 의해 구체적인 권리의무에 직접적인 변동을 초래하는 행위 / 행정규칙, 권리의무에 영향 없는 단순한 행정의 내부행위나 알선·권유·행정지도·사실상의 통지 등 비권력적 사실행위는 처분 아님

(라) 공권력행사 : 상대방 의사여하 관계없이 일방적 의사결정, 상대방의 수인을 강제하는 법적 효과를 가진 작용 / 상대방과 대등한 지위의 공법상 계약과 합동행위는 처분 아님

(3) 거부처분 [사시 54회, 행시 52회, 58회, 변시 5회]

(가) 의의 : 개인이 행정청에 대하여 공권력행사를 신청한 경우에 그 신청에 따른 공권력행사를 거부하는 것 / 적극적 거부의사표시, 거부로 결과적으로 신청인의 권리를 침해 하는 경우

(나) 성립요건 : ① 신청한 행위가 공권력 행사에 해당, ② 거부행위가 신청인의 법률관계에 영향을 미치는 것(실체상 권리관계에 직접적인 변동초래, 실체상 권리행사에 중대한 지장초래 등)

(다) 신청권의 존재여부

(a) 학설 : ① 신청권을 처분성 인정의 문제로 보는 **대상적격설**, ② 원고적격

의 문제로 보는 **원고적격설**, ③ 소송요건이 아니라 본안에서 판단해야 한다는 **본안요건설**로 견해 나뉨.

(b) 판례 : "거부처분이 항고소송의 대상인 행정처분에 해당하려면 신청한 행위가 공권력행사에 해당하고 그 거부로 신청인의 법률관계에 변동을 가져오고 그 행위발동을 요구할 법규상 또는 조리상 신청권이 있어야 한다."고 하여 대상적격설을 취함(대판 2009.9.10. 2007두20638 등).

(c) 검토 : 신청권은 신청할 법률상 이익이 있는가의 문제로서 원고적격의 문제로 봄이 타당(원고적격설). 다만, 대상적격은 주관적 요건이 아니라 객관적 요건이므로 특정인의 신청권일 필요 없고, 일반국민을 기준으로 형식상의 단순한 응답요구권의 의미로 충분

(라) 신청권의 인정기준 : ① 근거법규가 강행법규, ② 상대방에게 허가를 강요하는 명문규정이 있는 경우, ③ 관계법령의 해석상 일반국민에게 신청권이 추상적으로 인정되는 경우, ④ 거부처분으로 상대방의 불이익이 용인될 수 없을 정도로 크고 다른 구제방법 없는 경우

(4) 공권력행사나 그 거부에 준하는 행정작용

행정청의 대외적 작용으로서 개인의 권익에 구체적으로 영향을 미치는 작용 / 구속적 행정계획, 규제적 행정지도, 권력적 사실행위 등

(가) 반복된 행위 : 2차, 3차는 새로운 처분 아니라 독촉 또는 연기통지에 불과.

(나) 독촉

(a) 처분성이 인정되는 경우 ; 독촉이 국민의 권리의무에 직접 변동을 초래하는 경우. 예컨대, 국세징수법 제24조, 지방세징수법 제32조, 지방행정제재부과금의 징수 등에 관한 법률 제8조 등의 경우 지정된 기한까지 징수금을 완납하지 아니하면 납세자의 재산압류 가능.

(b) 처분성이 부인되는 경우 : 국민의 권리의무에 직접 변동초래 하지 아니하는 단순한 사실행위로서의 연기통지에 불과한 경우

(다) 경정처분 : 당초처분을 변경한 경우, ① 각각 소의 대상이라는 **병존설**, ② 당초처분이 경정처분에 흡수되어 경정처분이 대상이라는 **흡수설**, ③ 경성처분이 당초처분에 흡수되어 경정처분에 의해 수정된 당초처분이 대상이라는 **역흡수설** 등이 대립

(a) 경정과세처분의 경우 : ① 감액경정처분은 당초처분 중 경정처분에 의하여 취소되지 않고 남은 부분이 소의 대상이며(역흡수설), ② 증액경정처분의 경우 당초처분은 증액경정처분에 흡수되어 증액경정처분이 대상임(흡수설)(대판 2012.9.27. 2011두27247, 부당이득금부과처분취소 등)

(b) 종전처분과의 가분성여부 : ① 종전처분을 완전히 대체하거나 또는 실질적 변경인 경우는 변경처분이 소의 대상이고(흡수설), ② 일부만의 추가·철회·변경이고 가분성인 경우에는 각각 소의 대상(병존설)(대판 2012.12.13. 2010두20782, 집단에너지사업허가처분취소 등)

(라) 유리하게 변경된 처분 : ① 원처분설, ② 변경처분설, ③ 변경된 원처분설(다수설), ④ 판례는, "유리하게 변경

된 처분에 대한 취소소송의 대상은 변경된 내용의 당초처분이지 변경처분이 아니다."라고 하여 변경된 원처분설을 취함(대판 2007.4.27. 2004두9302) 〔행시 57회〕

(마) 행정소송 이외의 특별한 불복절차가 따로 마련되어 있는 경우(조세법, 통고처분, 과태료)

2. 재 결 [행시 53회, 사시 53회]

(1) 의 의

행정심판에 대한 재결 / 행심법 외에 행정기관이 재결청이 되는 경우 포함

(2) 원처분주의

재결취소소송은 재결자체에 고유한 위법이 있음을 이유로 하는 경우에 한한다(법제19조단서).

(3) 재결자체에 고유한 위법

원처분에는 위법 없고 재결에만 위법인 경우를 말함 / 재결주체·재결절차·재결형식·재결내용의 위법(긍정설과 부정설로 나뉨)

(4) 재결내용에 고유한 위법

각하재결, 일부기각·수정재결, 인용재결의 경우

(가) 각하재결 : 적법한 행정심판청구를 각하한 경우 그 재결이 소의 대상임

(나) 재결에 의해 유리하게 변경된 재결 : ① 원처분설, ② 변경된 재결설, ③ 변경된 원처분설(판례, 다수설), 원처분이 변경된 재결의 내용대로 당초부터 존재하는 것으로 보아 변경된 원처분설이 타당 <연 702> [사시 51회, 55회, 변시 3회, 행시 57회]

(다) 복효적 행정행위에 대한 인용재결 : 위법한 인용재결에 의해 권익을 침해받은 제3자(처분의 상대방)가 그 인용재결의 당부를 다투는 경우 〔사시 53회, 행시 53회〕

(라) 부적법한 인용재결 : 행정심판 제기요건을 결여하였음에도 불구하고 각하하지 아니하고 인용재결을 한 경우 그 인용재결이 소의 대상

(5) 명령재결과 형성재결

(가) 형성재결의 경우 : 취소·변경하는 재결은 행정청의 별도의 처분이 없기 때문 재결자체가 대상이 됨

(나) 명령재결의 경우

(a) 학설 : 재결과 재결에 따라 내린 처분 중 어느 것이 대상인지에 대해, ① 재결에 따른 처분이 대상이라는 처분설, ② 처분은 재결의 기속력에 따른 것으로 재결청의 의사이므로 재결이 대상이라는 재결설, ③ 재결에 따른 처분과 재결이 각각 대상이라는 처분·재결설이 대립됨.

(b) 판례 : 처분·재결설을 취하는 것으로 보임(대판 92누15093).

(c) 검토 : 명령재결에 따른 후속처분이 있기 전이라도 그 기속력 배제를 위해 명령재결 다툴 수 있고, 후속처분이 있은 후에는 그 후속처분을 다툴 수도 있으므로 처분·재결설이 타당

(6) 재결자체에 고유한 위법여부의 판결형태

① 재결자체의 고유한 위법은 소송제기요건이므로 재결자체에 고유한 위법이 없다면 각하해야 한다는 각하설과, ② 위법여부의 판단의 문제이므로 재결자체에 고유한 위법이 없다면 기각해야 한다는 기각설(통설, 판례)이 대립됨

(7) 원처분주의에 대한 예외

재결주의의 경우(지방노동위원회의 처분

에 대한 중앙노동위원회의 재심 등)

123 제소기간

<개 639, 연 454,466,480>
[변시 8회]

1. 처분 등이 있음을 안 날부터 90일(법20①)

(1) 처분 등이 있음을 안 날의 의미

통지·공고 기타의 방법으로 해당 처분이 있은 것을 현실적·구체적으로 안 날 / 추상적으로 알 수 있었던 날이 아님, 적법한 송달이 있게 되면 특별한 사정이 없는 한 그 때 처분이 있음을 알았다고 사실상 추정, 고시·공고의 경우 그 효력 발생일

(2) 행정심판을 거친 경우의 의미

적법한 행정심판을 말함, 각하재결 또는 이의신청의 재결은 아님

(3) 불변기간 및 추완기간

불변기간이며, 당사자가 책임질 수 없는 사유(당사자가 주의의무를 다한 경우)로 기간을 준수할 수 없었을 때에는 추완 허용되어 그 사유 소멸한 때부터 2주 이내

2. 처분이 있은 날부터 1년(법20②)

(1) 처분 있은 날의 의미

해당 처분이 효력을 발생한 날, 도달주의(상대방이 알 수 있는 상태에 놓임)

(2) 재결이 있은 날의 의미

재결의 효력 발생한 날 / 재결서 정본 송달된 날 / 안 날과 있은 날이 동일하여 이 조항 무의미

(3) 정당한 사유의 의미

기간내 소제기 못함을 정당화할 만한 객관적 사유

3. 안 날과 있은 날의 관계

먼저 경과한 날로 기간만료

4. 불고지 및 오고지의 경우

행소법에 규정이 없는바, 행정심판법 제27조 5항과 6항의 유추적용 불가 / 행정심판과 행정소송은 그 성질·제기기간·판단기관 등이 다른 쟁송형태이므로 명문규정이 없는 한 불가(대판 2008.6.12. 2007두16875)

5. 제소기간의 기준시점

원칙적으로 소 제기시

(1) 변경처분의 경우 [사시 51,55, 행시 57, 변시 3, 6회]

유리하게 변경된 처분의 경우 변경된 내용의 당초처분 기준 / 행정심판의 경우에는 재결서정본 송달받은 날

(2) 소 변경의 경우

① 소종류의 변경(법21)은 당초의 소가 제기된 때, ② 처분변경으로 청구취지 변경시는 구소 취하되고 신소 제기된 것으로 소의 변경시(60일). ③ 처분변경 없는 청구변경의 경우에는 당초 소 제기를 기준

(3) 소의 추가적 병합의 경우

원칙적으로 추가적 병합신청 시, 동일처분에 대한 추가적 병합인 경우에는 주된 청구가 제소기간 내이면 추가병합청구도 적법하게 제기된 것으로 봄

6. 제소기간 제한의 효과

ㅇ 소송요건의 흠결 ㅇ 불가쟁력 ㅇ 직권취소는 가능

124 전심절차

<개 644, 연 466> [법행 33회]

1. 임의적 전치주의(원칙)

행정심판을 거칠 것인지 바로 행정소송을 제기할 것인지는 원고의 임의적 선택에 맡김(18①)

2. 필요적 전치주의

국세·지방세기본법, 관세법, 지방자치법, 도로교통법, 국가·지방공무원법

(1) 적용대상

취소소송, 부작위위법확인소송, 무효선언의 뜻에서의 취소소송(적극설, 소극설)

(2) 필요적 전치주의의 내용

(가) 행정심판의 의미 : 형식적 명칭에 관계없이 행정심판법 적용받는 모든 행정심판

(나) 2단계 이상의 행정심판절차 : 명문규정 있는 경우 외에는 하나의 절차만 거침

(다) 행정심판의 적법성 : 부적법으로 각하되면 전심절차 불충족, 적법한 제기를 각하한 경우는 충족한 것으로 봄

(라) 행정심판과 행정소송의 관련도 : ① 당사자의 한쪽이 거쳤다면 충족(인적 관련), ② 청구원인이 기본적인 점에서 동일성 유지하면 충족됨(사물적 관련)

(3) 필요적 전치주의의 예외

(가) 행정심판의 재결을 거칠 필요가 없는 경우 : ① 심판청구가 있는 날부터 60일이 지나도 재결이 없을 때, ② 처분의 집행 또는 절차의 속행으로 생길 중대한 손해를 예방하여야 할 긴급한 필요가 있는 때, ③ 법령의 규정에 의한 행정심판기관이 의결 또는 재결을 하지 못할 사유가 있는 때, ④ 정당한 사유가 있는 때

(나) 행정심판을 거칠 필요가 없는 경우 : ① 동종사건에 관하여 이미 행정심판의 기각재결이 있은 때, ② 서로 내용상 관련되는 처분 또는 같은 목적을 위하여 단계적으로 진행되는 처분 중 어느 하나가 이미 행정심판의 재결을 거친 때, ③ 사실심변론종결후에 행정청이 해당 항고소송의 대상인 처분을 변경하여 그 변경된 처분에 항고소송을 제기하는 때, ④ 처분청이 행정심판을 거칠 필요가 없다고 고지한 때

(4) 필요적 전치주의의 충족여부의 판단

직권조사사항 / 판단기준시(사실심변론종결시까지 흠의 치유 인정)

125 소의 변경

<개 648, 연 466, 480, 491>

소송 중에 원고가 심판의 대상인 청구를 변경하는 것을 말함

1. 소의 종류의 변경(법21)

(1) 의 의

행정소송의 종류를 잘못 선택한 경우에 사실심변론종결시까지 청구의 기초에 변경이 없는 한 법원의 허가를 받아 소의 종류를 변경하는 것(법 21,37,42)

(2) 인정범위

항고소송 상호간 및 당사자소송 사이 가능, 민사소송과는 불가(관할이송 후 석명권행사로 가능, 관할 같으면 가능)

(3) 요건 및 절차

① 취소소송 계속, ② 사실심변론종결

전, ③ 청구의 기초에 변경 없을 것(청구기초의 의미에 관해 이익설(다수설), 사실설, 병용설이 나뉨), ④ 소변경이 상당하다고 인정될 것, ⑤ 변경된 새로운 소는 적법요건 갖출 것

(4) 효 과

종래의 소는 취하 된 것으로 봄

2. 처분변경에 따른 소의 변경(법22)

(1) 의 의

소의 대상인 처분을 소제기 후 변경한 때 원고의 신청으로 법원의 결정으로 청구의 취지 또는 원인을 변경하는 것(22①)

(2) 요 건

① 사실심 계속 중 처분의 변경, ② 원고가 처분변경을 안 날부터 60일 이내에 변경신청을 할 것, ③ 구청구가 사실심변론종결 전에 계속 중일 것과 신청구가 적법할 것

(3) 효 과

구소가 처음 제기된 때에 새로운 소 제기되고 구소 취하된 것으로 봄

3. 민사소송법에 의한 소의 변경

(1) 처분변경을 전제로 하지 않는 청구의 변경

민소법 준용규정(행소법 8②)에 의해 민소법에 따른 청구의 취지 또는 원인 변경 가능(일부취소를 구하다가 전부취소를 구하는 것 등). 요건은 ① 소송계속 중, ② 청구의 기초에 변경 없고, ③ 신청구 적법

(2) 행정소송과 민사소송 사이의 소의 변경

① 행정소송법에 규정이 없고 피고와 관할법원이 다르다는 부정설과, ② 피고인 처분청과 국가는 실질적으로 동일하며 관할법원은 관할이송을 통해 해결 가능하다는 긍정설(판례, 다수설)이 나뉨.

126 처분사유의 추가 · 변경

<개 651, 연 507> [사시 50회, 54회, 행시 53회, 5급 18년, 입시 34,36회, 법행 34회]

1. 의 의

당초 처분시에는 존재하였지만 처분이유로 제시되지 아니하였던 사실 및 법적 근거를 소송계속 중에 추가하거나 변경하는 것을 말함

2. 허용여부

(1) 학 설

① 취소소송의 소송물을 위법성일반으로 보고 일회적인 분쟁해결이라는 소송경제적 측면에서 이를 인정하는 긍정설, ② 취소소송의 소송물을 특정 처분의 위법성으로 보고 실질적 법치주의와 상대방의 신뢰보호를 강조하여 이를 부인하는 부정설, ③ 당초의 처분사유와 기본적 사실관계의 동일성이 인정되는 범위 내에서 제한적으로 인정하는 제한적 긍정설로 나뉨

(2) 판례 및 검토

판례는 제한적 긍정설을 취하는바(대판 2004두4482 등), 실질적 법치주의와 상대방의 방어권보장 및 분쟁의 일회적 해결의 조화라는 관점에서 제한적 긍정설이 타당

3. 허용범위 및 한계

(1) 소송물의 범위 내

소송물이 변경되면 청구변경이 되어 소의 변경이 되어야 하므로

(2) 기본적 사실관계의 동일성

처분사유를 법률적으로 평가하기 이전의 구체적인 사실에 착안하여 그 기초가 되는 사회적 사실관계가 기본적인 점에서 동일한지 여부에 따라 결정 / 처분 당시에 적시한 구체적 사실을 변경하지 아니하는 범위 내에서 단지 그 처분의 근거법령만을 추가·변경하거나 당초의 처분사유를 구체적으로 표시한 것에 불과한 경우 등

(3) 추가·변경의 기준시

처분시에 객관적으로 존재하였던 사유 / 처분시설, 처분후에 발생한 사실이나 법률관계는 그 사유 아님

(4) 사실심변론종결시까지의 허용

127 집행정지

<개 655, 연 267,507>
[사시 40,46,55회, 행시 46,49,51,55회, 입시 36회, 변시 2,9회]

1. 의의 및 성질

취소소송이 제기된 처분 등의 효력이나 그 집행 또는 절차의 속행을 잠정적으로 정지하는 것을 말함 / 집행부정지원칙 하의 불합리한 결과 방지 위해, 임시적 구제제도 / 사법작용설

2. 요 건

(1) 적극적 요건

(가) 신청인적격 및 집행정지 이익의 존재 : 집행정지를 구할 법률상 이익(참가인인 제3자 가능여부), 집행정지로 원상태의 유지가 가능해야

(나) 정지대상인 처분 등의 존재

(a) 처분 등의 의미 : 처분 등의 효력이나 집행 또는 절차가 계속되고 있어야 하며, 처분전·부작위·처분소멸 후는 불가(단, 위법상태 계속 중, 원상복구할 수 있으면 가능)

(b) 거부처분 : ① 정지하더라도 신청인의 법적 지위는 거부처분 전의 신청시의 상태로 돌아갈 뿐 회복되는 원상이 없으므로 신청이익이 없다는 부정설, ② 집행정지로 행정청이 사실상 구속력을 갖게 된다고 하는 긍정설, ③ 집행정지로 거부처분 이전 상태로 복귀됨에 따라 신청인에게 법적 이익이 인정되는 경우에는 예외적으로 인정될 수 있다는 제한적 긍정설로 나뉨, ④ 판례는 부정설을 취하는바(대판 95두26 등), ⑤ 생각건대, 갱신허가의 거부로 허가효과의 소멸이나 외국인 체류기간 연장의 거부로 강제퇴거 등의 경우에 거부처분 이전 상태로 복귀될 이익 있으므로 제한적 긍정설이 타당

(c) 후행처분 : 하자승계 인정되는 경우나 선후행처분이 밀접한 관계에 있는 경우 선행처분의 취소소송 본안으로 후행처분의 집행정지 가능

(d) 처분의 일부 : 처분내용이 가분성 있는 경우 가능,

(e) 복효적 행정행위의 이해관계 있는 제3자도 가능

(다) 본안소송의 계속 : 본안소송이 법원에 계속되어 있을 것, 본안소송 적법, 대상과 동일

(라) 회복하기 어려운 손해발생의 우려 : 사회통념상 금전배상이나 원상회복이 불가능하거나 금전보상으로는 사회통념

상 당사자가 참고 견딜 수 없거나 참고 견디기가 현저히 곤란한 경우의 유형·무형의 손해

(마) 긴급한 필요의 존재 : 회복곤란한 손해의 발생 가능성이 시간적으로 절박하여 손해를 회피하기 위하여 본안판결을 기다릴 여유가 없는 것

(2) 소극적 요건

(가) 공공복리에 중대한 영향이 없을 것 : 당해 처분의 집행과 관련된 구체적·개별적 공익으로, 개인이 입을 우려가 있는 손해를 희생시켜서라도 옹호할 만한 것이라고 인정되는 것

(나) 본안청구의 이유없음이 명백하지 아니할 것 : ①요건부정설(본안승소가능성과 무관), ②소극적 요건설(본안소송 승소가능성 전혀 없으면 집행정지 허용할 수 없는 소극적 요건, 판례), ③적극적 요건설(본안해결의 제1단계 절차적 의도 있는 만큼 본안청구의 이유 있음이 명백해야)

3. 절 차

직권이나 당사자의 신청에 의한 본안의 계속된 법원의 결정

4 내 용

(1) 효력정지

처분의 효력이 존속하지 않는 상태에 놓이도록 하는 것, '집행정지' '절차의 속행정지'로 목적 달성 가능하면 '효력정지'는 불허

(2) 집행정지

처분의 집행력을 박탈하여 그 내용실현 행위를 금지하는 것

(3) 절차의 속행정지

그 기초가 되는 처분의 효력을 박탈하여 법률관계의 진전을 금지

5. 집행정지기간

특별히 정함이 없으면 본안판결 확정시까지./소급정지는 불가

6. 집행정지결정의 효력

(1) 형성력

행정청의 별도의 효력정지통지 등이 없이 당연히 결정에서 정한대로 처분의 효력 등이 정지됨

(2) 기속력

신청인과 피신청인·관계행정청, 제3자에게 미침 / 기판력은 없음

(3) 시간적 효력

결정주문에 따로 정한바 없으면 본안소송의 판결확정시까지

7. 집행정지결정에 대한 불복

즉시항고 가능, 집행정지기각결정에 대한 불복사유는 처분의 적법여부가 아니라 집행정지요건의 존부이다.

8. 집행정지효력의 소멸

① 집행정지결정의 취소, ② 본안의 소의 취하

128 가처분

<개 662>[5급 19년]

1. 의 의

금전 이외의 특정한 급부를 목적으로 하는 청구권의 집행보전을 도모하거나 쟁의 있는 권리관계에 관하여 임시의 지위를 정함을 목적으로 하는 보전처분을 말함

2. 가능성

행소법에 명문규정이 없는바 민소법상의 가처분규정의 준용여부

(1) 학 설

① 행정처분의 위법여부에 앞서 가처분을 하는 것은 사법권의 한계를 벗어난 것이고, 의무이행소송 등이 인정되지 않고 집행정지에 관한 행정소송법 제23조 제2항은 민사집행법상의 가처분에 대한 특별규정이므로 민사집행법상의 규정을 준용할 수 없다는 소극설, ② 가구제는 본안판결의 실효성확보를 위한 것이므로 사법권의 내용에 속하고, 가처분을 배제하는 특별한 규정이 없으므로 민사집행법의 준용규정(8②)에 따라 가능하다는 적극설, ③ 행정소송법에 집행정지규정만 두고 있으므로 집행정지에 의하여 권리구제가 불가한 경우에 한해 준용될 수 있다는 절충설로 나뉨

(2) 판례 및 검토

판례는 소극설을 취하나, 절충설이 타당

3. 대 상

① 다툼대상의 현상유지, ② 임시의 지위설정

4. 요 건

① 다툼의 대상의 현상유지나 임시지위를 정할 긴급한 필요성, ② 집행정지로 목적달성 곤란(보충성)

129 심리절차

<개 665, 연 445,507,557>

1. 소송의 심리의 의미

소에 대하여 판결하기 위하여 그 기초가 될 소송자료를 수집하는 것을 말함(요건심리 및 본안심리)

2. 처분권주의

소송절차의 개시, 진행, 종결 및 소송의 대상인 청구의 처분(소송물)을 소송당사자의 의사에 맡기는 것(소송물에 대한 당사자의 자유처분권이므로 당사자가 신청하지 아니한 사항에 대해 판결 불가) / 근거는 행소법 제8조 제2항의 준용규정에 의한 민소법 제203조(처분권주의)

3. 변론주의

재판의 기초가 되는 소송자료의 수집·제출의 책임과 권능을 당사자에게 맡기는 것 / 행소법 8②준용규정, 26(직권심리)도 간접 근거 / 처분권주의는 소송물결정에 관한 원칙이고, 변론주의는 그 바탕이 되는 소송자료의 결정에 관한 원칙임

4. 석명의무

소송관계를 분명하게 하기 위하여 당사자에게 사실상·법률상 사항에 대하여 질문하고 증명하도록 촉구할 수 있는 것 / 주장의 불명료·애매·불충분으로 진상파악 어려운 경우 당사자에게 보충기회와 해명·변론의 충실화로 당사자 평등원칙 구현 / 행소법 8② 준용규정에 따라 민소법(136①)에 근거 / 한계

5. 직권심리주의(법26)

(1) 의 의

법원이 당사자의 주장에 구속됨이 없이 직권으로 필요한 사실의 탐지 및 증거조사를 하는 제도,

(2) 성 질

변론주의와의 관계에서 행소법 제26조의 해석

(가) 학설 : ① 당사자가 제출한 증거에 의하여 충분한 심증 얻을 수 없고 공정·타당한 재판을 확보하기 위하여 필요하다고 인정하는 경우 직권증거조사 가능하다는 **변론주의보충설**과, ② 보충적 증거조사뿐만 아니라 당사자가 주장하지 아니한 사실에 대해서도 직권으로 이를 탐지하여 재판자료로 삼을 수 있다는 **직권탐지주의설**이 대립

(나) 판례 : 판례는 변론주의보충설을 취함

(다) 검토 : 소송요건에 대해서는 직권탐지주의가 적용되나, 본안에서는 변론주의보충설이 타당. 즉, 직권심리는 기록에 나타난 자료에 의하여 판단이 가능한 경우에 한정된다고 볼 것임

130 주장책임과 입증책임

<개 669, 연 507>

1. 주장책임

변론주의 하에서 당사자가 자기에게 유리한 주요사실을 주장하지 않음으로써 받게 되는 불이익 내지 부담 / 주장책임의 분배와 입증책임의 분배의 연동가능성에 대해, ① 입증책임연계설(다수설), ② 입증책임연계부정설이 대립

2. 입증책임

(1) 의 의

소송상 일정한 사실의 존부가 확정되지 아니한 경우에 불리한 법적 판단을 받게 되는 일방의 당사자의 불이익 내지 위험을 말함

(2) 입증책임의 분배

(가) 학설 : ① 행정행위의 공정력을 이유로 입증책임이 원고에게 있다는 **원고책임설**, ② 법치행정의 원리상 행정청이 적법성을 스스로 담보해야 한다는 **피고책임설**, ③ 당사자의 지위가 대등하므로 민사소송의 일반원칙에 따라야 한다는 **입증책임분배설**(법률요건분류설, 일반원칙설), ④ 행정소송과 민사소송의 목적과 성질의 차이 및 행위규범과 재판규범의 차이 등을 이유로 독자적으로 정해야 한다는 **특수성인정설**(행소법 독자분배설)로 나뉨

(나) 판례 : 입증책임분배설을 취함

(다) 검토 : 구체적 사안에 따라 당사자의 공평을 고려하여 정한다는 특수성인정설이 타당

(3) 구체적 검토

소송요건은 원고, 침익적 처분의 요건사실은 피고, 수익적 처분의 요건사실은 원고, 재량권의 일탈남용은 원고, 재결은 원고에게 각각 입증책임 부담

131 소송의 판결

<개 672, 연 530>

1. 의 의

법원이 소송의 대상인 구체적 쟁송을 해결하기 위하여 무엇이 법인지를 판단하여 선언하는 행위를 말함

2. 위법판단의 기준시

(1) 학 설

① 항고소송의 본질은 사법적 사후심사이므로 행위시의 법령 및 상태를 기준

으로 해야 한다는 **처분시설**, ② 취소소송의 목적은 계쟁처분의 효력을 현재 유지여부결정에 있다고 보는 **판결시설**, ③ 처분시가 원칙이나 계속적 효력의 처분·미집행처분·거부처분취소소송의 경우는 판결시라는 절충설로 나뉨

(2) 판례 및 검토

판례는 처분시설을 취하는바, 처분시설이 타당하나, 다만 사정판결 및 부작위위법확인소송은 처분이 전제되지 않은 소송이므로 판결시설이 타당

3. 판결의 종류

① 소송판결과 본안판결, ② 기각판결과 인용판결

4. 사정판결 <연 530> [행시 53회]

(1) 의 의

원고의 청구에 이유 있다고 인정하는 경우에도 당해 처분 등을 취소·변경함이 현저하게 공공복리에 적합하지 아니하다고 인정하여 이유 있는 원고의 청구를 기각하는 판결(28①)

(2) 요 건

요건 엄격·제한적으로 해석해야,

(가) 처분의 취소·변경에 관한 취소소송일 것

(나) 원고의 청구가 이유 있을 것

(다) 처분을 취소하는 것이 현저히 공공복리에 적합하지 아니할 것 : 사익을 희생시키지 않으면 안 될 정도의 필요불가결의 공공복리상의 요청 또는 사정판결 이외의 방법에 의한 해결이 불가능한 경우

(라) 피고인 행정청의 신청여부 : ① 행소법 제26조(직권심리), 제28조(사정판결)를 근거로 신청이 없더라도 가능하다는 긍정설(판례), ② 변론주의 원칙상 당사자 주장 있어야 한다는 부정설이 대립, 생각건대, 법 제28조의 해석상 긍정설이 타당하나 법치주의의 예외라는 점에서 엄격한 적용 필요

(3) 적 용

위법인정의 기준시(변론종결시), **주장·입증책임**(피고인 행정청)

(4) 효 과

① **청구기각**(위법성 치유가 아니라 위법성 지닌 채 그 효력지속), ② **위법선언**(판결주문에 위법명시, 위법판결의 기판력발생), ③ **원고의 권익구제**(원고는 손해배상·제해시설의 설치 등 적당한 구제방법청구를 취소소송 계속 법원에 병합제기 가능), ④ **비용부담**(피고인 행정청이 부담)

5. 인용판결

(1) 의의 및 종류

원고의 주장이 이유 있다고 인정하여 그 청구의 전부 또는 일부를 인용하는 판결 / 그 내용에 따라, ① 확인판결, ② 형성판결, ③ 이행판결

(2) 변경의 의미

"행정청의 위법한 처분 등을 취소 또는 변경하는 소송"(4(1))의 '변경'의 해석, ① 소극적 변경설(일부취소, 판례), ② 적극적 변경설(새로운 처분으로 대체)

(3) 일부취소의 가능성 [사시 48회, 변시 3회]

(가) 일부취소가 가능한 경우 : ① 일부취소가 청구취지에 반하지 않고, ② 행정처분의 가분성이 있어 분리가능하거나, ③ 처분대상의 일부가 특정될 수 있어야 함

(나) 일부취소가 부인되는 경우 : 재량행위인 경우, 재량권을 존중하여 전부취소 하고 처분청의 재량권 행사에 맡김

132 기판력(실질적 확정력)

<개 678, 연 541>

1. 의 의

후소의 법원에 대하여 동일한 사안에 대하여 확정판결과 내용적으로 모순되는 판단을 못하도록 금함과 동시에, 동일 소송물에 대한 반복된 제소를 불허하는 확정판결의 효력 / 소송절차의 무용한 반복 방지와 선후 모순된 재판출현의 방지목적, 민사소송법 준용(행소법 8②))

2. 범 위

(1) 주관적 범위

당사자 및 이와 동일시 할 수 있는 자에게 미침 / 제3자에게는 미치지 않음(기판력의 상대성)

(2) 객관적 범위

판결의 주문에 표시된 소송물에 관한 판단에만 미침 / 그 전제가 된 판결이유인 개개의 위법사유의 판단에는 미치지 않음

(가) 청구인용판결 : 해당 처분의 위법이 기판력에 의해 확정되므로, 원고나 피고는 그 처분의 유효를 주장할 수 없음

(나) 청구기각판결 : 그 처분이 적법하다는 기판력 발생으로 다른 사유라 하더라도 그 처분의 위법 주장 못함(소송물의 위법성일반설에 따라)

(다) 청구각하판결 : 소송판결에서 확정한 소송요건의 흠결에 기판력 발생, 다만 소송요건의 흠결을 보완하여 소제기하면 기판력제한 받지 않음

(라) 무효등확인소송과의 관계 : 무효확인소송에서 본안패소판결이 확정되더라도 무효가 아니라는 점을 의미할 뿐 취소소송에는 기판력 미치지 않음, 그 반대는 미침

(마) 국가배상소송과의 관계 : 취소소송의 기판력이 후소인 국가배상소송에 미치는지에 대해, ①소극설(기판력부정설), ②적극설(기판력긍정설), ③절충설(제한적긍정설)

(3) 시간적 범위

사실심변론종결시까지(위 시점 이전의 위법사유는 미치고, 이후는 못 미침)

133 기속력

<개 680, 연 537,541>
[사시 45,49,51,54회, 행시 54,56회, 변시 2회, 입시 34회]

1. 의 의

소송당사자와 관계행정청이 판결의 취지에 따라 행동할 실체법적 의무를 발생시키는 효력을 말함(법30①) / 행정청이 판결이유에서 위법이라고 한 점을 제거할 의무 / 인용판결에서 인정되는 효력

2. 성 질

① 기판력의 당연한 결과로 확정판결을 존중하도록 구속된다는 기판력설과, ② 기판력은 소송법적 효력이나 기속력은 행정청에 대하여 실체법적 의무를 과하는 특수한 효력이라는 특수효력설(판례, 다수설)로 나뉨

3. 내 용

(1) 반복금지효

(가) 의의 : 행정청은 동일한 사실관계(사유) 아래서 동일한 당사자에게 동일한 내용의 처분 등을 반복해서는 아니됨(동사・당・내)

(나) 범위 : ① 다른 사유로 동일한 처분을 하는 것은 가능(종전처분사유와 기본적 사실관계의 동일성여부로 판단), ② 처분의 형식・절차상 위법으로 취소된 경우 그 형식・절차상 위법 시정하여 동일한 처분 가능

(2) 재처분의무

(가) 의의 : 거부처분 취소판결이 확정되면 해당 행정청은 판결의 취지에 따라 원래의 신청에 대한 처분을 하여야 하는 것(30②) / 부작위위법확인소송 및 절차위법을 이유로 취소되는 경우에 준용

(나) 거부처분취소판결의 경우 : 판결취지에 따라 다시 이전의 신청에 대한 처분을 해야, 따라서 ① 다시 신청 불필요, ② 판결내용을 존중하면 되고 반드시 신청한 내용대로 처분해야 하는 것 아님. ③ 다른 이유로 거부처분 가능. ④ 절차상 위법을 이유로 취소된 경우 판결취지에 따라 적법한 절차를 거쳐 그 위법사유 보완하여 종전의 신청에 대한 거부처분 가능

(3) 원상회복의무(결과제거의무)

위법처분으로 인해 야기된 상태 제거하여 원상회복해야 할 의무부담하고, 이에 대응하여 원고는 결과제거청구권 있음

4. 범 위

(1) 주관적 범위

당사자인 행정청과 그 밖의 관계 행정청을 기속

(2) 객관적 범위

판결주문뿐만 아니라 그 전제로 된 요건사실의 인정과 효력의 판단에도 미침 / 기속력은 구체적인 위법사유에 관한 판단에만 미친다고 할 것이므로, 법원이 위법하다고 판단한 동일한 사유에 기하여 동일한 내용의 처분을 금할 뿐 별도의 사유에 기한 동일한 내용의 처분은 가능 / 동일한 사유여부는 기본적 사실관계의 동일성 여부로 판단

(3) 시간적 범위

처분 당시까지의 위법사유에만 미침

5. 위반의 효과

당연 무효

134 간접강제

<개 684, 연 541> [사시 45회, 행시 55회, 58회, 변시 2회]

1. 의 의

행정청이 인용판결에 따라 당사자의 신청에 따른 의무를 이행하도록 배상금부과의 방법으로 심리적 압박을 가하는 법원의 간접적 의무이행강제수단 / 부작위위법확인소송에도 준용

2. 요 건

(1) 거부처분취소판결의 확정

거부처분에 대한 취소판결 및 부작위위법확인판결의 확정

(2) 재처분의무의 불이행

이전 신청에 대한 처분의 불이행 또는

재처분을 하였더라도 확정판결의 기속력에 반하는 등으로 당연 무효인 경우

3. 절 차

(1) 당사자의 신청

당사자가 제1심수소법원에 신청해야

(2) 법원의 결정

상당한 기간을 정하고 그 기간 내에 불이행하면 그 지연기간에 따라 일정한 배상할 것을 명하거나 즉시 손해배상할 것을 명함 / 판결취지에 따른 새로운 처분을 하는 것으로 족하므로 간접강제결정으로 구체적 처분 내용을 특정할 것은 아님

(3) 배상금추심

간접강제결정에도 불구하고 재처분을 하지 않은 경우 금전채권의 집행방법으로

4. 불 복

즉시항고

5. 배상금의 성질

손해배상금이 아니라 처분의무를 간접강제하기 위한 심리적 수단으로서의 금액이므로 법원이 제반사정을 고려하여 재량으로 결정한다.

135 형성력

<개 686>

1. 의 의

판결의 취지에 따라 기존의 법률관계 또는 법률상태에 변동을 가져오는 효력을 말함 / 취소판결이 확정되면 행정청의 별도의 행위를 기다릴 것 없이 계쟁처분 등으로 생겼던 위법한 법률상태가 소급하여 제거됨

2. 내 용

(1) 형성효

계쟁처분의 효력 상실

(2) 소급효

처분시 소급, 따라서 취소된 처분을 전제로 형성된 법률관계는 모두 효력상실

3. 제3자효(대세효)

(1) 의 의

취소판결의 형성력의 주관적 범위가 제3자에게 미치는 것(법29①) / 형성력의 제3자효로 인한 불합리 시정을 위해 제3자의 소송참가 및 재심청구 인정

(2) 제3자의 범위

① 소송에 참가한 제3자에게만 미친다는 **상대적 효력설**, ② 소송에 참가하지 아니한 일반 제3자에게도 미친다는 **절대적 효력설**(다수설) 대립

(3) 제3자효의 준용

집행정지결정 및 그 취소결정, 무효등확인소송, 부작위위법확인소송 등 준용

136 재심청구

<개 689, 연 434,557>

1. 의 의

확정된 종국판결에 대하여 판결절차 또는 소송자료에 중대한 흠이 있음을 이유로 당사자가 다시 재판을 해 줄 것을 청구하는 것

2. 재심사유

(1) 민사소송법 준용규정상의 재심사유

행소법 8② 준용규정에 의거 민소법

451①에 **따라**, 판결의 기초가 된 재판 또는 행정처분이 다른 재판이나 행정처분에 따라 바뀐 때(8호), 판결에 영향을 미칠 중요한 사항에 관하여 판단을 누락한 때(9호) 등 1호부터 9호의 각 호의 사유에 해당한 경우.

(2) 처분의 근거법률의 위헌결정

헌법재판소법 제75조 제7항에 따라 취소소송의 기각의 확정판결에서 당해 처분의 근거가 된 법률이 헌법재판소법 제68조 제2항에 따른 헌법소원에서 위헌으로 인용된 경우

3. 재심청구기간 및 관할법원

재심사유를 안 날부터 30일 이내에(민소법 456①), 재심을 제기할 판결을 한 법원에 재심청구(동법 453①)

4. 제3자의 재심청구

(1) 의 의

자기에게 책임 없는 사유로 소송참가를 못함으로써 판결결과에 영향을 미칠 공격방어 방법을 제출하지 못한 제3자의 권익보호를 위하여 종국판결에 대한 제3자의 재심청구 인정

(2) 당사자

원고는 인용판결에 의해 권리이익의 침해를 받은 제3자, 피고는 확정판결에 나타난 원고와 피고가 함께 공동피고가 됨

(3) 재심사유

① 자기에게 책임 없는 사유로 소송에 참가하지 못하였을 것, ② 소송참가를 못함으로써 판결의 결과에 영향을 미칠 공격 또는 방어방법을 제출하지 못하였을 것

(4) 재심청구기간

확정판결이 있음을 안 날부터 30일 이내, 판결이 확정된 날부터 1년 이내/불변기간

137 무효등확인소송

<개 690, 연 518,584> [제기요건; 행시 53회, 입시 26회]

1. 의 의

행정청의 처분 등의 효력 유무 또는 존재의 여부를 확인하는 소송 / 무효확인·유효확인·존재확인·부존재확인·실효확인 소송 포함

2. 성 질

① 확인소송설, ② 항고소송설, ③ 준항고소송설

3. 소송물

구체적인 청구에 따른 처분 또는 재결의 무효성·유효성, 존재·부존재

4. 취소소송과의 관계

(1) 병렬관계

각각 별개의 항고소송이므로 가장 효과적으로 목적 달성할 수 있는 소송종류 선택 가능 / 두 소송은 양립할 수 없는 청구로서 단순병합이나 선택적 병합은 불허 / 주위적 청구(무효)와 예비적 청구(취소)로 병합제기 가능(대판 1999. 8.20. 97누6889 등)

(2) 포섭관계

모두 처분의 위법을 이유로 그 효력배제를 구하는 것이고, 하자의 정도 등에 의한 구분에 불과하여 실제에 있어서 서로 포섭관계

(가) 무효사유에 대해 취소소송을 제기한 경우 : 처분취소의 원고 전부승소 판결해야

(나) 취소사유에 대해 무효등확인소송을 제기한 경우 : 취소소송제기요건의 흠결인 때는 기각 / 요건 충족한 때는 견해 대립.

(a) 학설 : ① 무효확인청구에 취소청구가 당연히 포함되었다고 볼 수 없으므로 기각해야 한다는 **기각판결설**, ② 원고의 명시적 반대의사 없는 한 취소청구도 당연히 포함되었다고 보아 취소판결이 가능하다는 **취소판결설**, ③ 취소소송요건 충족하였다면 수소법원은 석명권 행사하여 무효등확인소송을 취소소송으로 변경하게 한 후 취소판결해야 한다는 **소변경설**이 대립함.

(b) 판례 : 취소판결설을 취함(대판 1994.12.23. 94누477 등)

(c) 검토 : 무효등확인소송의 소송물은 해당 처분의 무효여부이므로 취소판결을 하는 것은 처분권주의에 반하므로 소변경설이 타당

5. 협의의 소익 [행시 53회, 입시 26회]

'확인의 이익'의 필요여부.

(1) 학 설

① 확인소송의 보충성에 근거하여, 확인의 이익이 필요하다고 하며 확인을 구할 법률상 이익을 민사소송에서의 즉시확정의 이익으로 보는 **긍정설**(즉시확정이익설), ② 무효등확인소송은 처분을 다투는 항고소송이며 단지 확인소송의 성격을 지니고 있을 뿐 민사소송과 다르고 보충성 등 원고적격상 제한규정이 없으므로 취소소송과 같은 법률상 이익으로 족하다는 **부정설**(법적 보호이익설)이 대립됨

(2) 판 례

종래의 긍정설에서 최근 부정설로 판례 변경함(대판 2008.3.20. 2007두6342, 하수도원인자부담금부과처분취소)

(3) 검 토

행정소송법은 무효등확인소송을 항고소송의 독립된 형태로 규정하고 있고 원고적격에 제한을 두지 않았으며 무효확인판결 자체만으로도 판결의 기속력에 의해 그 실효성 확보가 가능하므로 부정설이 타당

6. 제소기간 · 전심절차

적용 없음, 무효선언 구하는 취소소송에는 적용

7. 입증책임

① 원고책임설(판례), ② 취소소송과 동일설(타당)

138 부작위위법확인소송

<개 697, 연 546,557>

1. 의의 · 성질

행정청의 부작위가 위법하다는 것을 확인하는 소송을 말함 / 확인소송

2. 원고적격

처분을 신청한 자로서 부작위의 위법의 확인을 구할 법률상 이익이 있는 자

(1) 처분의 신청

현실적으로 신청이 존재해야 함

(2) 신청권의 존부

(가) 학설 : ① 처분을 신청한 것으로 족하며 신청권의 여부는 문제되지 않는

다는 **불필요설**과, ② 신청인에게 법규상 또는 조리상 신청권이 있어야 한다는 **필요설**로 나뉘며,

(나) 판례 : 행정행위를 요구할 법률상 또는 조리상 권리를 갖고 있어야 한다고 하여 필요설의 입장을 취하고 있다.

(다) 검토 : 원고적격은 권리 내지 법률상 이익이 있을 것을 요건으로 하므로 단순히 신청한 것만으로는 부족하고 신청권이 있어야 한다는 점에서 필요설이 타당함

(3) 협의의 소익

부작위의 확인의 이익이 필요함

3. 소의 대상 [행시 50회, 60회]

(1) 부작위의 의의

행정청이 당사자의 신청에 대하여 상당한 기간 내에 일정한 처분을 하여야 할 법률상 의무가 있음에도 이를 하지 아니하는 것

(2) 부작위의 성립요건

(가) 당사자의 신청

(a) 신청권의 존재 : ① 신청권을 형식적 의미로 이해하고 처분성 인정의 문제로 보는 **대상적격설**, ② 신청권을 원고적격의 문제로 보는 **원고적격설**, ③ 신청권의 여부는 본안에서 판단할 문제라는 **이유유무설**로 견해가 나뉨. **판례**는 원고적격설을 취하는바, 원고적격설이 타당

(b) 신청의 내용 : 항고소송의 대상인 처분을 요구하는 것일 것

(c) 신청의 요건 : 실체법상 신청권에 의하여 실제로 신청한 것으로 족하며, 그 신청이 절차상으로 적법할 것을 요하지 않음

(나) 상당한 기간 : 사회통념상 해당 신청에 대한 처분을 하는데 필요한 것으로 인정되는 기간

(다) 처분을 할 법률상 의무의 존재 : 법령의 명문규정상 의무만이 아니라 법령의 취지나 처분의 성질로 보아 구속적 행위에 해당하는 경우 포함, 신청권과 관계없이 행정청의 의무로 과하여진 경우 포함

(라) 처분의 부존재 : 행정청의 적극적 또는 소극적 처분으로 볼 만한 외관 자체가 존재하지 아니하는 상태

4. 제소기간

(1) 행정심판을 거친 경우

취소소송 제소기간 준용(재결서 정본 송달받은 날부터 90일)

(2) 행정심판을 거치지 않은 경우

① 취소소송 제기기간 준용하여 당사자의 신청 후 상당한 기간 경과하면 그 때부터 1년이라는 **긍정설**과, ② 부작위가 계속되는 한 언제라도 소제기가 가능하므로 원칙적으로 제소기간의 제한을 받지 않는다는 **부정설**로 견해가 나뉨. **판례**는 부정설을 취하는바(대판 2008두10560 등), 행정소송법의 취소소송 제기기간 준용규정은 전심절차를 거친 경우에 적용되는 것으로 보아 부정설이 타당

5. 소의 변경

취소소송의 소변경(21) 준용, /다만, 소계속중 거부처분을 한 경우에는 처분변경으로 인한 소의 변경(22)의 준용규정 없고, 소의 종류의 변경(제37조의 제21조 준용규정)으로 해야 함

6. 심리의 범위

신청의 실체적 내용 심리 여부, ① 부작위의 위법여부만 심사할 수 있다는 **절차적 심리설**(소극설)과, ② 부작위 위법여부뿐만 아니라 신청의 실체적 내용도 심리해야 한다는 **실체적 심리설**(적극설)이 나뉨. 판례는 소극설을 취하나, 권리구제의 실효성을 위해 적극설이 타당함

7. 위법판단의 기준시

① 소제기시 부작위 성립요건인 상당한 기간이 경과되었어야 한다는 **소제기시설**과, ② 부작위가 판결이 있을 때까지 경과해 있으면 충분하다는 **판결시설**이 대립하며, **판례**는 판결시설을 취하는바, 부작위위법확인소송은 현재의 위법상태를 기초로 하여 다투는 것이므로 판결시설이 타당

8. 판결효력으로서 재처분의무의 의미

① 판결의 기속력은 행정청에게 응답의무가 있다는 점에만 미치므로, 부작위가 해소되기만 하면 되므로 거부처분을 하여도 기속력에 반하지 않는다는 **형식적 응답의무설**(소극설)과, ② 부작위의 위법여부뿐만 아니라 신청의 실체적 내용도 이유 있는지 심리하여 행정청의 처리방향까지 제시해야 한다는 **실체적 특정처분의무설**(적극설)로 견해가 나뉘며, **판례**는 소극설을 취하나, 신청내용이 재량행위이면 부작위해소를 위한 선택재량권이 인정된다고 할 것이나, 신청내용이 기속행위인 경우에는 재처분의무에 따라 신청내용의 처분을 함이 타당함

139 무명항고소송

<개 705> [사시 44회, 변시 1회]

1. 의 의

행정소송법에 명문으로 규정된 항고소송 이외의 항고소송을 말함(법정외항고소송)

2. 인정여부

① 행정소송법상 항고소송 종류의 규정을 열기규정으로 보아 규정에 없는 무명항고소송을 부인하는 **부정설**(통설, 판례)과, ② 행소법상 항고소송 종류의 규정을 예시규정으로 보고, 법정항고소송으로 구제의 실효를 얻지 못하는 경우에 예외적·보충적으로 인정하는 (제한적)**긍정설**로 나뉨

3. 유 형

의무이행소송, 예방적 부작위소송 〔변시 1회〕, 예방적 의무확인소송, 무하자재량행사청구소송, 단체소송 등

140 당사자소송

<개 708, 연 574>

1. 의 의

행정청의 처분 등을 원인으로 하는 법률관계에 관한 소송 그 밖에 공법상 법률관계에 관한 소송으로서 그 법률관계의 한쪽 당사자를 피고로 하는 소송을 말함

2. 성 질

공권력의 행사·불행사의 결과로 생긴 법률관계 및 그 밖에 공법상 법률관계

를 대상으로 대등한 지위에서 행하는 소송 / 시심적 쟁송

3. 취소소송 및 무효등확인소송과의 관계

(1) 취소소송과의 관계

보충적 관계. 즉, 공정력으로 인해 과세처분취소소송을 제기함이 없이는 당사자 소송으로 납부세금 반환소송 불가

(2) 무효등확인소송과의 관계

예컨대, 과세처분이 무효인 경우 과세채무부존재확인소송의 관계의 경우, ① 항고소송에 의해 해결이 곤란한 경우에만 보충적으로 적용된다는 **보충관계설**과, ② 무효인 경우에는 공정력이 없으므로 당사자의 선택에 따라 제기할 수 있다는 **병렬관계설**이 대립됨. 생각건대, 당연 무효는 누구나 주장할 수 있으므로 당사자가 유리한 소송유형을 선택할 수 있다고 보아 병렬관계설이 타당

4. 종 류

(1) 실질적 당사자소송 [변시 2회]

(가) 의의 : 공법상 법률관계에 관한 소송, 즉 공법상의 권리관계 내지 법률관계 그 자체를 소송물로 하는 소송을 말함

(나) 종 류

(a) 처분 등을 원인으로 하는 법률관계에 관한 소송 : 공법상 부당이득반환청구소송, 공무원의 불법행위로 인한 손해배상청구소송 등

(b) 공법상 법률관계에 관한 소송 : 공법상 계약에 관한 소송, 공법상 지위·신분 확인소송, 공법상 금전지급청구소송, 공법상 결과제거청구소송 등

(2) 형식적 당사자소송

(가) 의의 : 행정청의 처분이나 재결을 원인으로 하는 법률관계에 관한 소송으로서 그 법률관계의 한쪽 당사자를 피고로 하는 소송 / 실질적으로 처분의 효력을 다투는 것이지만 형식적으로 법률관계의 당사자 간의 쟁송이라는 형식 취함, 예; 손실보상금증감청구소송, 특허심판에 관한 소송 등

(나) 인정여부 : ① 행정소송법 제3조 제2호에 형식적 당사자소송 포함되는 것으로 보는 **긍정설**과, ② 원인이 되는 처분 등을 그대로 둔 채 해당 처분의 결과로 형성된 법률관계에 관해 소제기 하는 것은 행정행위의 공정력에 반한다는 **부정설**이 대립함. 생각건대, 개별법률에서 특별히 규정된 경우에 한해 허용된다고 볼 것임

5. 원고와 피고

민사소송법 준용, 피고는 국가 또는 공동단체 등 권리주체

6. 소의 대상

(1) 의 의

행정청의 처분 등을 원인으로 하는 법률관계와 그 밖에 공법상 법률관계 / 즉, 처분 등에 의하여 발생·변경·소멸된 법률관계와, 처분 등을 원인으로 하지 않은 그 밖에 공법이 규율하는 법률관계

(2) 민사소송 대상과의 구분

공법관계(당사자소송)와 사법관계(민사소송) 구분기준, ① **소송물기준설**(판례)과, ② 소송물의 전제가 되는 법률관계를 기준으로 하는 **법률관계기준설**(다수설)이 대립됨 / 예컨대, 무효인

과세처분에 의한 부당이득반환청구소송에서 소송물인 부당이득(사법상 채권채무관계)을 기준으로 하면 민사소송, 부당이득의 전제가 되는 과세처분(공권력행사관계)을 기준으로 하면 공법상 당사자소송

7. 집행정지의 배제

취소소송의 집행정지에 관한 규정(23, 24)은 준용되지 아니하나(44①), 민사집행법상의 가처분은 행정소송법 제8조 제2항에 따라 준용된다고 볼 것임

141 민중소송과 기관소송

<개 716>

1. 민중소송

국가 또는 공공단체의 기관이 법률에 위반되는 행위를 한 때에 직접 자기의 법률상 이익과 관계없이 그 시정을 구하기 위하여 제기하는 소송 / 국민투표에 관한 것(국민투표법 92), 선거에 관한 것(공직선거법 222), 주민소송(지방자치법 17)

2. 기관소송

국가 또는 공공단체의 기관 상호간에 권한의 존부 또는 그 행사에 관한 다툼이 있을 때에 그에 관하여 제기하는 소송 / 지방의회 의결에 대한 소송(지방자치법 107③, 172③), 감독처분에 대한 소송(지방자치법 169②, 170③, 항고소송설과 기관소송설의 다툼 있음), 지방교육자치에 관한 법률상의 기관소송

142 헌법재판

<개 720, 연 558>

1. 위헌법률심판

(1) 의 의

법률이 헌법에 위반되는지의 여부가 재판의 전제가 된 때에 당해 법원의 제청으로 헌법재판소가 심판하는 것을 말함(헌법 107①, 헌법재판소법 41①)(사건부호 '헌가')

(2) 요 건

① 재판의 전제성, ② 법원의 위헌심판청구

(3) 결정유형

(가) 합헌결정 : ① 단순합헌결정(5/9 찬성), ② 위헌불선언결정(5/9 위헌의견)

(나) 위헌결정 : ① 단순위헌결정(6/9 이상 위헌찬성), ② 일부위헌결정(법률 일부에 대해서만)

(다) 변형결정 : ① 한정합헌결정, ② 한정위헌결정, ③ 헌법불합치결정, ④ 입법촉구결정

(4) 결정의 효력

기속력(한정위헌결정 부정설), 장래효(예외: 형벌조항, 위헌청구 당해사건 등)

2. 헌법소원

(1) 의 의

공권력에 의하여 침해된 기본권을 구제받는 경우와(헌법재판소법68①), 위헌법률심판의 제청신청이 법원에서 기각된 경우에 직접 헌법재판소에 제청신청을 하는 경우를 말함(68②).

(2) 종류 / 청구요건

(가) 권리구제형 헌법소원(법 68①, 사건부호 '헌마') : 공권력의 행사·불행사로 기본권이 침해받은 자가 청구하는 헌법소원/ ① 기본권 침해(자기관련성·직접성·현재성), ② 보충성의 원칙(다른 구제절차 모두 거친 후), ③ 권리보호의 이익, ④ 청구기간(사유 있는 날부터 1년, 안 날부터 90일)

(나) 규범통제형 헌법소원(법 68②, '헌바') : 위헌법률심판제청이 법원에 의해 기각된 경우에 제청신청자가 직접 헌법재판소에 법률 또는 법률조항 자체의 위헌여부심판을 청구하는 헌법소원 / ① 위헌여부심판제청의 기각(법원에서 위헌여부심판제청의 기각), ② 재판의 전제성(법률의 위헌여부가 당해사건의 재판의 전제로 됨), ③ 청구기간(제청신청기각결정을 통보받은 날부터 30일 이내)

143 행정청의 대리

<개 737>

1. 의 의

행정청의 권한의 전부 또는 일부를 다른 행정기관이 피대리청을 위한 것임을 표시하고(현명주의) 자기의 이름으로 행사하고, 그 행위는 피대리청의 행위로서 효력을 발생하는 경우를 말함 / 권한대행, 직무대행, 직무대리라고도 함

2. 종 류

(1) 임의대리

(가) 의의 : 피대리청의 수권에 의해 성립하는 대리

(나) 법적 근거 : 법적 근거 불필요하다는 적극설과 법의 명시적 근거가 필요하다는 소극설이 있으나, 대리는 권한의 이전을 가져오는 것이 아니므로 법적 근거를 요하지 않는다는 적극설이 타당

(다) 범위 : 피대리청의 일반적·포괄적 권한에 관해서만 가능 / 일부대리에 한함 / 피대리청은 선임·감독의 책임, 대리인에 대한 지휘·감독

(2) 법정대리

(가) 의의 : 일정한 법정사실의 발생으로 법령상 당연히 대리관계가 발생하는 경우를 말함

(나) 근거 : 헌법71, 정부조직법 7②, 12②, 19, 직무대리규정 3

(다) 종류 : ① 협의의 법정대리와 ② 지정대리

(라) 범위 : 대리권은 피대리청의 권한의 전부에 미치며, 피대리청의 지휘·감독권 없음

3. 대리행위의 효과

실체법상 및 쟁송법상 피대리청의 행위로서 효과 발생 / 대리권 범위를 넘은 행위는 민법상 표현대리규정 유추적용

4. 복대리의 문제

법령에 규정이 없는 경우에, 임의대리에는 불가하나 법정대리에는 가능

144 행정청의 권한의 위임

<개 740>

1. 의 의

행정청이 그의 권한의 일부를 다른 행정기관에 이전하여 수임기관의 권한으로 행사하게 하는 것을 말함

2. 내부위임과 구별 <연 584> [사시 49, 56회]

(1) 내부위임의 의의

행정청의 내부적인 사무처리의 편의를 도모하기 위하여 그의 보조기관 또는 하급행정청으로 하여금 그의 권한을 사실상 행하게 하는 것으로 자기의 명의가 아니라 위임청의 이름으로 행함/ 권한의 대리의 일종

(2) 법적 근거

위임과 달리 권한변동이 아니므로 법적 근거 불요

(3) 권한행시 방식

수임기관은 자신의 이름이 아닌 위임청의 명의로 행사(대외적 권한 불변)

(4) 권한행사방식 위반효과

(가) 수임기관이 자신의 이름으로 처분을 한 경우 : 위법이 되는바, 그 위법 정도에 관해, ① 수임기관은 대외적 처분권이 없으므로 무권한의 행위로 무효라는 무효설(판례, 다수설), ② 권한행사의 형식하자에 불과하다는 취소설, ③ 수임기관이 보조기관인 경우에는 무효이지만 지방자치단체장 등 행정청인 경우에는 취소사유라는 예외적 취소설로 견해가 나뉘나, 수임기관이 위임청의 명의가 아니라 자신의 명의로 처분을 하였다면 무권한의 행위라 할 것이므로 무효설이 타당(대판 93누6621)

(나) 내부위임을 받지 아니하고 위임청의 명의로 처분을 한 경우 : 대외적으로는 위임청의 정당한 권한행사로 되어 원칙적으로 적법(대판 97누1105)

(5) 피고적격

명의대로 위임청이 피고임, 단, 수임청이 자신의 명의로 한 경우에는 수임청이 피고 가능(대판 2000두7537 등)

3. 위임의 성질

법규에 근거, 일방적으로 위임하여 상대방의 동의 불요

4. 위임의 근거

(1) 개별법령의 규정

반드시 법령의 명시적 근거요, 정부조직법 6 및 이에 근거한 「행정권한의 위임 및 위탁에 관한 규정」 3, 지방자치법 117 등 / 이에 근거한 위임청의 위임은 공시 필요

(2) 일반적 근거규정

개별법령에 특별한 규정 없는 경우 위 법령의 일반적 근거규정 여부에 대해, ① 위임이 가능하다는 긍정설(다수설, 판례)과, ② 개별법에 규정이 없는 한 위임이 불가능하다는 부정설로 나뉨. **판례**는 정부조직법 등에 의해 위임·재위임이 가능하다고 하여 긍정설을 취하는바(대판 88누12158), 타당하다고 볼 것임

5. 상대방(위임의 양태)

① 보조기관·하급행정기관에 대한 위임, ② 대등기관 기타 타행정기관에 대한 위임, ③ 자치단체나 그 기관에 대한 위임, ④ 사인에 대한 위임(민간위탁)

6. 위임사항(위임의 한계)

(1) 일부위임

권한의 일부에 한하며, 전부위임은 위임청의 권한의 소멸을 가져오므로 불가

(2) 재위임 [행시 47회]

정부조직법 제6조 제1항과 「행정권한

의 위임 및 위탁에 관한 규정」 제4조에 근거하여 재위임 가능, 다만 지방자치법 제117조 제4항에 따라 지방자치단체의 경우 위임 또는 위탁한 기관의 장의 승인 얻어 재위임 가능

7. 위임의 효과

① 권한귀속의 변경, ② 지휘감독권, ③ 비용부담의 문제

145 행정청 상호간의 관계

<개 746>

1. 상하 행정청간의 관계(권한의 감독)

권한의 대리, 권한의 위임도 있음

(1) 의 의

권한의 감독이란 상급행정청이 하급행정청의 권한행사를 지휘하여 적법성과 합목적성을 보장하기 위하여 행하는 통제적 작용 / 개별적 법적 근거 불요

(2) 감시권

하급청의 권한행사상황을 알기 위한 행위

(3) 훈령권

(가) 의의 : 상급청이 하급청의 권한행사를 지휘하기 위하여 발하는 명령(직무명령과 구별됨)

(나) 성질 : 행정조직 내부관계에 적용됨에 그침, 법규성 없음

(다) 종류 : 협의의 훈령, 지시, 예규, 일일명령

(라) 요 건

(a) 형식적 요건 : 훈령권이 있는 상급청이 발할 것, 하급청의 권한에 속하는 것일 것, 권한행사의 독립성이 보장되고 있는 경우가 아닐 것

(b) 실질적 요건 : 적법·타당하고 가능하며 명백할 것

(c) 하급청의 요건심사 가능성 : 형식적 요건은 가능하나, 실질적 요건은 원칙적으로 불가, 다만 훈령내용이 범죄를 구성하거나 중대하고 명백한 법규위반으로 절대무효인 경우는 거부해야

(마) 훈령의 경합 : 주관 상급청, 직근 상급청의 훈령에 따라야

(바) 훈령의 형식 및 절차 : 특별한 형식에 의하지 않음(문서, 구술), 관보 공고의 경우 공고 후 5일 경과로 효력 발생

(사) 훈령에 위반한 행정행위의 효력 : 내부적 징계책임 질 뿐 행정행위는 위법 아님

(4) 인가(승인)권

하급청의 권한행사에 관하여 사전에 상급청의 동의 받아야 하는 경우 / 하급청의 권한행사의 적법·타당성 보장

(5) 주관쟁의결정권

하급청 상호간 주관권한에 쟁의가 있는 경우 상급청이 예방적 감독수단으로 이를 결정

(6) 취소·정지권

상급청이 직권이나 신청에 의해 하급청의 위법·부당한 처분을 교정적 감독수단으로 취소·정지하는 권한, / 명문규정 없는 경우 ① 적극설과 ② 소극설로 나뉨

2. 대등행정청간의 관계

권한의 상호존중, 상호협력관계(협의, 사무위탁, 행정응원)

146 감사청구권

<개 768, 연 594> [행시 50, 56회]

1. 의 의

지방자치단체의 18세 이상의 주민이 해당 자치단체와 그 장의 권한에 속하는 사무의 처리가 법령에 위반되거나 공익을 현저히 해한다고 인정되는 경우에 감사를 청구할 수 있는 권리

2. 청구요건 및 대상

조례로 정하는 18세 이상의 주민 수 이상으로 연서로, 시·도에서는 주무부장관에게, 시·군·자치구에서는 시·도지사에게, 그 지방자치단체와 그 장의 권한에 속하는 사무의 처리가 법령에 위반되거나 공익을 현저히 해친다고 인정하는 경우에 감사청구를 할 수 있음(지방자치법 21①)

3. 청구의 효과

감사청구를 수리한 날부터 60일 이내에 감사를 끝내야 하며, 그 감사결과를 청구인의 대표자와 해당 지방자치단체의 장에게 서면으로 알리고 공표해야 함

147 주민소송제기권

<개 769, 연 594,601> [사시 52회, 행시 56,60,61회, 변시 7,10회]

1. 의의 및 성질

주민이 지방자치단체의 위법한 재무회계행위를 방지·시정하거나 이로 인한 손해를 회복하기 위하여 제기하는 소송(지방자치법 22①~⑱) / 재무회계행정의 부패방지와 적정운영확보 목적의 객관적 소송임

2. 감사청구전치주의(제기요건)

주민이 감사청구를 거쳐 그 감사를 해태하거나 감사결과 및 그에 따른 이행조치에 불복이 있는 경우에 해당 지방자치단체의 장을 상대로 제기함. 적법한 청구

3. 소송당사자

원고는 감사청구를 한 주민, 피고는 해당 지방자치단체의 장

4. 소의 대상

① 공금의 지출, 재산의 취득·관리·처분 등, ② 감사청구대상과 동일 해야

5. 제소사유

감사청구를 수리한 날부터 60일이 지나도 이를 끝내지 아니한 경우, 감사결과 또는 감사조치요구에 불복이 있는 경우 등

6. 소송유형

① 부작위청구소송(제1호 소송), ② 취소 또는 무효확인소송(제2호 소송), ③ 부작위위법확인소송(제3호 소송), ④ 손해배상 또는 부당이득반환청구소송(제4호 소송)

7. 제기기간 및 관할법원

감사청구를 수리한 날부터 60일이 끝난 날 등 / 해당 지방자치단체의 관할 행정법원

8. 판결의 효력

판결이 확정된 날부터 60일 내에 그

판결에 따라 손해배상금이나 부당이득 반환금의 지불을 청구하고, 변상명령 판결의 경우 변상명령을 하여야 함

148 주민소환권

<개 772, 연 609>

1. 의 의

주민이 선출한 지방공직자를 투표 통해 그 직을 상실시키는 주민의 권리(지방자치법 25①)

2. 주민소환투표권자

주민소환투표인명부 작성기준일 현재 19세 이상의 주민으로서 당해 지방자치단체 관할구역에 주민등록이 되어 있는 자 및 일정한 외국인

3. 주민소환투표의 청구

청구권자는 비례대표의원을 제외한 해당 지방자치단체의 선출직 지방공직자에 대해, 일정 수 이상의 주민의 서명으로, 관할선거관리위원회에

4. 서명요청활동

주민소환투표의 청구사유가 기재되고 관할선거관리위원회가 검인하여 교부한 주민투표청구인서명부를 사용하여 서명요청

5. 소환투표의 실시

관할선관위는 주민소환투표청구가 적법하면 지체없이 그 요지를 공고하고 주민소환투표대상자에게 소명기회를 준 다음, 소명서제출기간 경과한 날부터 7일 이내에 주민소환투표일과 주민소환투표안을 공고하여 주민소환투표를 발의해야 함. 투표일은 공고일부터 20일 이상 30일 이하의 범위에서 관할선관위가 정함

6. 소환투표의 효력

주민투표대상자는 공고일부터 투표결과 공표 때까지 권한행사가 정지됨 / 투표권자총수의 3분의 1 이상의 투표와 유효투표총수 과반수의 찬성으로 확정되며, 투표결과 주민소환이 확정된 때에 그 결과 공표시점부터 주민소환투표대상자는 그 직을 상실함

7. 주민소환투표소송

① 주민소환투표의 효력에 관하여 이의가 있는 주민소환투표대상자 또는 주민소환투표권자는 투표결과공표일부터 14일 이내에 관할선관위 위원장을 피소청인으로 시·도지사를 대상으로 하는 경우에는 중앙선관위에, 지방의원과 기초자치단체장을 대상으로 하는 경우에는 시·도 선관위에 소청을 할 수 있다. ② 위 소청결정에 불복하는 경우에는 그 결정서를 받은 날부터 10일 이내에 시·도지사를 대상으로 한 경우에는 대법원에, 지방의원과 기초자치단체장을 대상으로 한 경우에는 고등법원에 소제기 가능(주민소환에 관한 법률 24)

149 지방자치단체의 사무

<개 774, 연 683>

1. 자치사무

(1) 의 의

지방자치단체의 존립목적을 달성하기 위한 본래적 사무를 말함(고유사무) / 해당 자치단체가 자유로이 그 시행여부

를 결정할 수 있는 수의사무가 원칙, 법령에 의해 그 시행이 의무지워진 사무인 필요사무도 있음

(2) 내 용

지방자치법 제13조 제2항에 규정된 사무(지방자치단체의 구역・조직・행정관리, 주민 복지증진, 산업진흥, 지역개발과 생활환경시설의 설치・관리, 교육・체육・문화・예술의 진흥, 지역민방위 및 소방 등) / 국가사무처리 제한(15)

2. 위임사무

법령에 의거 국가 또는 다른 공공단체로부터 위임받아 시행하는 사무

(1) 단체위임사무

해당 자치단체 자체에 위임된 사무(지자법 13①),

(2) 기관위임사무

(가) 의의 : 국가나 다른 지방자치단체로부터 해당 지방자치단체의 기관에게 위임된 사무 / 수임처리의 범위에서 지방자치단체의 기관은 국가기관의 지위에 섬

(나) 근거 : 정부조직법 6①, 지방자치법 115,117, 「행정권한의 위임 및 위탁에 관한 규정」 등도 일반적 근거규정으로 볼 수 있는지 견해 나뉨, 개별법이 있어야 한다는 부정설이 있으나, 개별법이 없더라도 위 법령을 일반조항으로 볼 수 있다는 긍정설이 판례 및 다수설

(다) 기관위임사무의 재위임의 규정방식 : ① 미리 위임기관의 승인을 얻고, 지방자치단체의장이 규칙으로 정함, ② 기관위임사무의 근거법령에서 조례로 정하도록 위임한 경우 위임조례로

(라) 감독 : 위임자는 합법성 감독뿐만 아니라 합목적성 감독도 가능, 원칙적으로 지방의회 관여 불가

3. 자치사무와 위임사무의 구별

<연 661, 658, 760>[변시 6,7회]

(1) 구별내용

성질(자치단체 자체 사무/위임자 사무), 경비부담(해당 자치체/위임자), 국가의 감독(소극적・교정적・합법성 감독/적극적・합목적성 감독), 처리효과(자치체 귀속/위임자에 귀속)

(2) 구별실익

① 감독관계여부, ② 경비부담, ③ 지방의회의 관여, ④ 배상책임의 귀속

(3) 구별기준

(가) 근거법령의 권한규정 : 중앙행정기관의 장의 권한으로 규정된 것은 국가사무, 자치단체 장에게 위임된 사무는 기관위임사무, 자치단체에 위임된 것은 단체위임사무,

(나) 사무의 성질 등 : 전국적・통일적 처리 요하는 사무여부 등 사무의 성질, 경비부담기관 및 책임귀속의 주체,

(다) 보충적규정 : 지자법 13②(지방자치단체의 사무의 범위), 15(국가사무의 처리제한),

(라) 판례 : 법령의 규정형식과 취지, 사무의 성질, 경비부담과 최종 책임귀속주체(대판 2003.4.22. 2002두10483 등)

150 조례제정권의 범위와 한계

<개 781, 연 615,621>[사시 58회]

1. 조례의 의의・성질・종류

조례란 지방자치단체가 법령의 범위 안

에서 그 권한에 속하는 사무에 관하여 지방의회의 의결로서 제정하는 법을 말함(지자법 28) / 원칙상 법령의 구체적 수권 없이 제정하는 자치법규 / ① 자치조례(헌법 117①와 지자법 28조 1항의 일반수권에 의함)와 위임조례(법률에서 조례에 위임), ② 필요적 조례(법령이 조례로 정할 것 규정)와 임의적 조례(재량으로 정함)가 있음

2. 조례제정권의 범위

(1) 자치조례의 대상

지방자치법 제13조 제1항에 따른 자치사무와 법령에 따라 지방자치단체에 속하는 단체위임사무 전반에 걸침

(2) 위임조례의 범위

개별법령의 위임범위 안에서 수권법령의 취지에 부합해야

(3) 기관위임사무 제외 [행시 47, 56회]

기관위임사무는 원칙적으로 조례규정사항 아님 / 기관위임사무의 재위임도 조례로 정할 수 없고 위임기관의 승인을 받아 규칙으로 정해야 함

(4) 지방자치단체장과 지방의회의 고유권한 침해 불허

(5) 벌칙규정

일정한 범위에서 가능

3. 조례제정권의 한계 [사시 52회, 행시 47,51,53,56,58,59회, 입시 25,33회]

조례의 소관사항의 범위와 형식적 효력면에서 국가의 법령에 위배되지 아니하는 범위를 말함

(1) 법률유보의 원칙

(가) 일반적 자치사무에 관한 사항 : 법령에 위반되지 않는 한도 내에서 상위법령의 위임없이 제정

(나) 주민의 권리제한·의무부과·벌칙에 관한 사항 : 지자법 28① 단서("…법률의 위임이 있어야 한다")

(다) 지자법 제28조 제1항 단서의 위헌여부 : 조례는 법령의 구체적인 위임근거가 없더라도 법령에 위반되지 아니하는 범위에서 자치사무에 관해 정할 수 있음(헌117①, 지자법 28①), 위 단서의 위헌여부 논란, ① 포괄적인 자치입법권을 부여한 헌법의 취지 제약한다는 위헌설, ② 법률과 조례 사이의 민주적 정당성의 차이와 헌법 제37조 제2항의 기본권 제한에 대한 법률유보원칙 명시하고 있기 때문에 합헌이라는 합헌설이 대립되는바, 판례와 통설인 합헌설이 타당함

(라) 위임의 정도 : 일반적·포괄적 위임으로 족함

(마) 벌칙규정 : 구 지자법상의 형사벌칙제정권은 죄형법정주의에 반해 위헌이라고 삭제, 다만 과태료부과에 대해 조례제정권 인정, 이의 일반적·포괄적 수권에 대해, ①위헌설, ②합헌설 나뉨, 과태료의 구체적·한정적 위임이므로 합헌설이 타당

(2) 법률우위의 원칙

(가) 의의 : 통일적인 국법질서를 유지하기 위하여 조례는 법령에 위배되어서는 아니 되며, 법령위반의 조례는 무효 / 헌법 117①, 지자법 28① 본문의 "법령의 범위 안에서"는 '법령에 위배되지 아니하는 범위 안'이라는 의미

(나) '법령의 범위 안에서'의 의미

(a) 법령의 범위 : 헌법, 법률, 법규명령 이외에 비례평등원칙 등 헌법상의 원칙이나 행정법의 일반원칙도 포함

(b) '법령의 범위 안에서'의 해석 : ① **법률선점론** : 법률이 이미 규율하고 있는 사항은 법률에 특별한 위임이 없는 한 조례가 동일 목적으로 다시 규율 못함, ② **법률선점수정론** : 지방자치단체의 고유사무분야 및 지방적 특수성 고려할 여지 있는 분야 등 합리성이 인정되는 경우에는 법률과 동일한 사항 규정 가능(대판 2006.10.12. 2006추38 등)

(다) 법률우위원칙 위반여부 판단기준

(a) 조례규율대상에 관하여 법령에 규정이 없는 경우 : 문제되지 아니함

(b) 조례규율대상에 관하여 법령에 규정이 있는 경우

(ㄱ) 입법목적이 다른 경우 : 목적 다르고 그 법령의 목적·효과를 저해하지 아니하면 문제 안됨

(ㄴ) 추가조례 : 법령규정사항이 전국적 최소기준 정하고 그 이상은 지방자치단체의 특수성을 고려하여 자율적으로 정할 여지 있고 법령 규율사항을 달리하면 적법

(ㄷ) 수익초과조례 : 지방의 실정에 맞게 별도 규율을 용인하는 경우 법령의 기준을 초과하여 급부를 강화하는 초과조례는 적법

(ㄹ) 침익조례 및 침익초과조례 : 주민의 권리제한이나 의무부과 또는 벌칙 정하는 내용의 조례는 지자법 28① 단서 위반의 위법, 동일 사항에 대하여 법령 기준보다 초과하는 높은 수준의 침익적 기준을 정하는 조례는 상위법령의 제한범위 초과로 위법무효

4. 조례의 제정절차

① 제안(지단장·의원 등)과 의결→ ② 이송 및 공포(의결된 날부터 5일 이내에 지단장에게 이송, 장은 20일 이내 공포) → ③ 재의요구(20일 내 환부) 및 확정(재적 과반수 출석 3분의2이상 찬성)→ ④ 의장에 의한 공포(장이 5일 내 공포 안하면)→ ⑤ 효력발생(공포일부터 20일 경과로)→ ⑥ 보고(의회에서 이송된 날부터 5일 이내에 전문 붙여 감독청에게)

5. 조례의 하자 <연 686, 693>[행시 50회, 입시 31회, 변시 6]

(1) 위법한 조례의 효력

조례제정권의 범위와 한계 넘어 위헌·위법으로 되거나 그 제정절차에 위반한 경우에는 하자 있는 조례로 위법, ① 무효설(통설, 판례), ② 취소설, ③ 유효설

(2) 위법한 조례에 근거한 처분의 효력

① 법적 근거를 결한 처분이어서 무효라는 당연무효설, ② 조례의 하자는 중대하나 명백하지 않다는 취소사유설(다수설, 판례) 대립 / 위법판결 후는 무효이나 위법판결 받기 전에는 취소사유라 할 것임

(3) 일부무효인 조례안의 효력

① 전부무효설(일부에 대해 재의요구 할 수 없으므로, 다수설, 판례), ② 일부무효설

151 조례에 대한 통제

<개 788, 연 615,621> [사시 58회]

1. 지방자치단체의 장에 의한 통제 [사시 46회, 행시 58회, 59회, 입시 25회]

(1) 재의요구

제32조 제3항에 의한 재의요구(이송 받은 날부터 20일 내에 이유를 붙여 환부, 일부나 수정재의 요구는 불가) / 제120조(월권, 법령위반, 현저한 공익위반) 및 121조(예산상 집행불가능한 경비등)에 의한 재의요구 가능설도 있음(부정설이 타당)

(2) 소송제기

(가) 의의, 성질 : 지방자치단체장이 재의결된 조례안이 법령에 위반된다고 판단되는 때에 대법원에 제기하는 소송 / 기관소송

(나) 근거조항 : 지자법 제120조(지방의회의 의결)에 조례안 의결도 포함되므로, 제120조 제3항에 의거 대법원에 제소 가능, 제192조 제4항 준용.

(다) 당사자적격 : 지자법 제120조 제3항에 따라 원고는 지자체 장, 피고는 지방의회

(라) 대상적격

(a) 조례안 또는 재의결의 여부 : ① 조례안설, ② 재의결설(지자법 120③ 근거)

(b) 재의결 자체 : ① '재의결 그 자체'라는 설(일부나 수정재의요구 할 수 없어 일부무효 인정 곤란하여 조례안 전부의 효력을 부인해야 하므로, 판례, 다수설), ② '재의결된 사항'이라는 설로 나뉨. 재의결 자체로 봄이 타당(대판 2004. 6.11. 2004추41 등)

(마) 제소기관과 관할법원 : 재의결된 날부터 20일 이내 / 대법원

(바) 판결의 효력 : 재의결효력이 부인되면 재의결로 확정·공포되었던 조례의 효력 소급하여 상실

(3) 집행정지결정신청

조례안 재의결에 대한 소제기와 더불어 집행정지결정을 신청할 수 있음(192④), 행정소송법상의 집행정지신청요건과 무관

2. 감독청에 의한 통제 [행시 52회, 변시 7회]

(1) 재의요구

지방의회의 의결이 법령에 위반되거나 공익을 현저히 해한다고 판단되면, 시·도에 대해서는 주무부장관이, 시·군·자치구에 대해서는 시·도지사가 재의요구/ 시·군·자치구의회에 시·도지사가 재의요구 하지 아니하면 주무부장관이 직접 시·군·구청장에게 재의요구/ 재적 과반수 출석과 출석의원 3분의 2로 전과 같이 의결하면 확정(법 192①②③)

(2) 재소지시

재의결된 사항이 법령에 위반된다고 판단됨에도 불구하고 해당 지단장이 소제기 아니하면 **제소지시나 직접 제소 및 집행정지결정신청** 가능(192⑤), 재의결된 날부터 20일이 지난 날부터 7일 이내에 제소지시 하고, 제소지시 받은 날부터 7일 이내에 제소(동조⑥)

(3) 직접제소

(가) 제소지시불응의 경우 : 법령위반의 판단에 따른 제소지시에 불응하면 제소지시 받은 날부터 7일 지난 날부터 7일 이내에 직접제소 할 수 있음(⑦),

(나) 재의요구 불응의 경우 : 법령위반 판단에 따른 재의요구지시에 불응하면 지단장이 조례안을 이송받은 날부터 20일 지난 날부터 7일이내에 직접제소 가능(⑧),

(다) 직접제소의 법적 성질 : 이 소송의 성질에 대해, ① 특수한 형태의 항

고소송설, ② 기관소송설, ③ 특수한 규범통제소송설이 대립. 행소법 제3조는 기관소송을 대등관청간의 권한다툼으로 한정하지 아니하였고 감독청도 행정관청이라는 점에서 행소법 제46조의 준용규정을 배제할 이유 없다고 할 것이므로 기관소송설이 타당.

(4) 집행정지결정신청

직접제소와 동시에 집행정지결정을 신청할 수 있음(동조⑤⑧)

3. 법원에 의한 통제

(1) 기관소송을 통한 통제

위법한 조례안의 재의결에 대한 소제기의 경우

(2) 구체적 규범통제

위법한 조례에 따른 처분으로 권익침해받은 주민의 항고소송

(3) 처분적 조례에 대한 항고소송

조례가 직접 주민 권익 침해한 경우 / 피고는 조례를 공포한 지방자치단체의 장 / 조례전체가 아닌 해당 개별조항을 다툼

4. 헌법소원

조례에 의하여 직접 기본권 침해를 받은 자가 그 조례 자체에 대해 헌법재판소법 제68조 제1항의 헌법소원제기 가능 / 동조 제2항에 따른 위헌여부심판의 헌법소원의 대상은 불가(법률에 한하므로)

152 승 인

<개 811>

1. 의의, 성질

국가 또는 상급지방자치단체가 일정한 지방자치단체에 대하여 사전 감독수단의 하나로 승인·동의·확인 등을 하는 것 / 협력적 관여의 성격, 유효요건

2. 법적 근거

지자체의 자율권 제약하므로 법적 근거 필요 / 2개 이상 시·도에 걸치는 지자체 조합설립(176①), 지방채의 외채발행(지방재정법 11①), 광역도시계획(국토계획법 16①) 등

3. 행정절차법 적용여부

① 조직법상의 문제이므로 처분성 없어 적용되지 않는다는 부정설과, ② 형성적 행정행위로 보아 개별법상 특별 규정 없는 한 적용된다는 긍정설이 대립되나, 부정설이 타당

4. 승인통제의 범위

기관위임사무의 경우는 합목적성심사 가능하나 자치사무는 특별한 규정이 없는 한 적법성심사에 한정

5. 승인거부에 대한 권리구제

승인거부에 대한 항고소송 제기가능여부, ① 처분성 인정된다는 긍정설과, ② 조직법상 행위에 그친다는 부정설이 대립되는바, 부정설이 타당

6. 승인 없는 행위의 효력

승인은 행위의 유효요건이므로 승인 없이 한 행위 무효

153 시정명령, 처분의 취소·변경

<개 812, 연 632,641> [행시 51회, 54회, 입시 25회]

1. 주무부장관 및 시·도지사의 시정조치

(1) 의 의

지방자치단체의 사무에 관한 그 장의 명령이나 처분이 법령에 위반되거나 현저히 부당하여 공익을 해친다고 인정되면 시·도에 대하여는 주무부장관이, 시·군 및 자치구에 대하여는 시·도지사가 기간을 정하여 서면으로 시정할 것을 명하고, 그 기간에 이행하지 아니하면 이를 취소하거나 정지하는 것(169①)

(2) 대 상

(가) 시정명령의 대상 : 지방자치단체의 사무에 관한 그 장의 명령이나 처분(자치사무와 단체위임사무 포함), 기관위임사무는 제외

(나) 취소·정지의 대상 : 시정명령의 대상

(3) 요 건

시정명령은 지방자치단체의 사무에 관한 그 장의 명령이나 처분이 법령에 위반되거나 현저히 부당하여 공익을 해친다고 인정되는 때 / **취소·정지**는 시정명령을 기간 내에 시정하지 아니한 때, 다만 자치사무는 법령에 위반한 것에 한함

(4) '법령위반'의 의미

제188조 제1항 후문의 '법령위반'이 재량권의 일탈·남용 포함여부, ① 부당과 구별되는 것으로 재량권 위반으로 위법인 경우 포함한다는 적극설(판례, 다수설)과, ② '현저히 부당하여 공익을 해하는 경우'가 '재량권의 일탈·남용'으로 볼 것이므로 법령위반에는 포함되지 아니한다는 소극설이 대립됨

2. 주무부장관의 시장·군수·구청장에 대한 시정조치

(1) 시정명령의 지시

시장·군수·구청장의 명령이나 처분이 법령에 위반되거나 현저히 부당하여 공익을 해침에도 불구하고 시·도지사가 시정명령을 하지 아니하면, 주무부장관이 시·도지사에게 기간을 정하여 시정명령을 하도록 명할 수 있다(동조②).

(2) 직접 취소·정지

(가) 시·도지사의 시정명령 불행사의 경우 : 시정명령을 하도록 한 기간이 지난날부터 7일 이내에 직접 시장·군수·구청장에게 기간 정하여 시정 명하고, 이를 불이행 하면 시장·군수·구청장의 명령이나 처분을 취소·정지할 수 있다(동조③).

(나) 시·도지사의 취소·정지 불행사의 경우 : 시장·군수·구청장의 시정명령 불이행에 따른 취소·정지를 아니한 경우에 시·도지사에게 기간을 정하여 취소·정지할 것을 명하고, 이를 불이행 하면 주무부장관이 직접 이를 취소·정지한다(동조④).

자치사무에 관한 시정명령과 취소·정지는 법령위반에 한함(동조⑤)

3. 지방자치단체의 장의 제소

지자체장은 자치사무에 관한 명령이나 처분의 취소 또는 정지에 불복하면 그 통보받은 날부터 15일 이내 대법원에 소제기 가능(동조⑥)

(1) 소송의 성질

① 취소·정지처분은 항고소송의 대상인 처분이고 지방자치단체는 자치권을 갖는 독립된 법주체이므로 원고적격이

인정된다는 항고소송설과, ② 행정기관 상호간의 소송이므로 기관소송이라는 기관소송설이 대립하는 바, 후설이 타당

(2) 소송의 대상

자치사무에 관한 시정명령의 취소·정지 / 시정명령과 단체위임사무에 대한 취소·정지는 대상 아님

(3) 소송당사자·제기기간·관할법원

해당 지방자치단체의 장이 원고이고 시·도지사 또는 주무부장관이 피고, 취소·정지처분을 통보받은 날부터 15일 이내에 대법원에 제기

(4) 집행정지신청

취소소송 규정 준용하여 집행정지신청 가능

154 직무이행명령

<개 815, 연 632,683> [5급 19년]

1. 주무부장관 및 시·도지사의 이행명령

(1) 의 의

지자체 장이 국가위임사무나 시·도위임사무의 관리와 집행을 명백히 게을리하고 있다고 인정되면 시·도에 대해서는 주무부장관이, 시·군 및 자치구에 대해서는 시·도지사가 기간을 정하여 서면으로 이행할 사항을 명하는 것 (189①②③)

(2) 대 상

지자체 장이 국가위임사무나 시·도위임사무를 처리하는 사무 / 단체위임사무를 포함한다는 위임사무설이 있으나, 기관위임사무만 포함된다는 기관위임사무설이 판례와 다수설임

(3) 요 건

① 위임사무를 관리·집행할 법률상 의무의 존재, ② 위임사무의 관리·집행을 명백히 게을리 할 것

(4) 주체 및 내용

시·도에 대하여는 주무부장관이, 시·군 및 자치구에 대하여는 시·도지사가 / 이행할 사항과 이행기간

(5) 대집행 등 조치

이행명령을 불이행하면 그 지방자치단체의 비용부담으로 행정상·재정상 필요한 조치 가능(동조②)

2. 주무부장관의 시장·군수·구청장에 대한 이행명령

(1) 이행명령의 지시

주무부장관은 시·도지사가 제1항에 따른 이행명령을 불이행하는 경우 기간을 정하여 이행명령을 하도록 명할 수 있다(동조③).

(2) 직접 이행명령 및 대집행

① 시·도지사가 이행명령을 불이행 한 경우 그 기간이 지난날부터 7일 이내에 직접 시장·군수·구청장에게 이행명령을 하고, 이를 불이행하면 대집행 등, ② 시·도지사가 대집행등을 불이행한 경우 직접 시장·군수·구청장에게 대집행등 가능(동조④⑤)

3. 지방자치단체의 장의 제소

(1) 성 질

기관소송설, 항고소송설 및 특수소송설 등, 기관소송설이 타당

(2) 소송당사자

해당 지방자치단체의 장이 원고이고,

시 · 도지사 또는 주무부장관이 피고

(3) 소송의 대상

주무부장관 또는 시 · 도지사의 이행명령 / 대집행등에 대해서는 규정이 없으므로 불가

(4) 제기기간 및 관할법원

이행명령서 접수한 날부터 15일 이내에 대법원에 제기

(5) 집행정지결정의 신청

소제기시 이행명령의 집행정지결정 신청가능(동조⑥) / 행소법상 집행정지제도의 특례조항이라 할 수 있으므로 행소법 제23조의 요건 불필요

155 재의요구지시 및 제소

<개 819, 연 621>

1. 재의요구지시(동법 192①-④)

(1) 대상 · 사유

지방의회의 의결에 대해, 법령위반이나 공익을 현저히 해친다고 판단된 때/ 자치사무는 법령위반의 경우에 한함

(2) 지시권자

시 · 도에 대하서는 주무부장관, 시 · 군 · 자치구에 대해서는 시 · 도지사(동조①)/ 시 · 도지사가 시장 · 군수 · 구청장에게 재의요구지시를 하지 아니한 경우에는 주무부장관이 시장 · 군수 · 구청장에게 재의를 요구하게 할 수 있다(동조②)

(3) 기 간

명문규정 없으나, 이송받은 날부터 20일 이내에 재의요구하여야 하므로 재의요구지시도 이 기간이라 할 것임

(4) 효 과

재의요구(의결사항 이송받은 날부터 20일 이내에 재의요구 해야)/ 재의결(재적의원 과반수 출석과 출석의원 3분의2 이상)/ 소제기 및 집행정지결정신청

2. 제소지시

(1) 대상 및 사유

지방의회의 재의결된 사항이 법령에 위반된다고 판단된 때

(2) 지시권자

주무부장관이나 시 · 도지사(동조⑤)/ 2 이상 부처와 관련되거나 주무부장관 불분명하면 행정안전부장관

(3) 기 간

제소지시는 재의결된 날부터 20일이 지난날부터 7일 이내/ 제소는 제소지시 받은 날부터 7일 이내(동조⑥)

3. 직접제소 및 집행정지결정신청

(1) 제소지시 불이행의 경우

(가) 사유 : 재의결된 사항이 법령위반이라고 판단됨에도 지방자치단체의 장이 제소 아니 하는 경우(동조⑤)

(나) 소송당사자 : 시 · 도지사가 피고인 경우 주무부장관이 원고/ 시 · 군 · 자치구 의회가 피고인 경우 시 · 도지사 / 제2항의 경우 시 · 군 · 구의회가 피고이고 주무부장관이 원고

(다) 제기기간 : 재의결 된 날부터 20일이 지난날부터 7일 이내에 제소지시, 제소지시 받은 날부터 7일 이내에 해당 지방자치단체의 장이 제소 아니 하면 위 기간 지난날부터 7일 이내에 직접 제소(동조⑦)

(라) 관할법원 : 명문규정 없으나 제8항 및 제4항의 해석상 대법원

(2) 재의요구지시 불이행의 경우

(가) 사유 : 재의요구지시를 받은 지방자치단체의 장이 재의요구를 불이행한 때(동조⑧)

(나) 소송당사자 및 소의 대상 : 당사자는 제소지시 불이행의 경우와 동일/ 지방의회의 의결

(다) 제기기간 및 관할법원 : 지방자치단체의 장이 의결사항 이송받은 날부터 20일이 지난날부터 7일 이내/ 대법원

156 공무원의 임용요건 결여의 효과

<개 827, 연 650>

1. 공무원의 신분유지 여부 [사시 53회]

(1) 능력요건 결여의 효과

결격사유(국공법33, 지공법31)에 해당하는 자를 공무원으로 임명하는 행위는 무효 / 재직중 이 요건 결여는 당연퇴직 / 퇴직발령통지는 당연퇴직 사실을 통보하는 관념의 통지인 확인행위에 불과

(2) 성적요건 결여의 효과

성적요건(국공법26, 지공법25) 결여한 자의 임명은 취소사유 / 취소된 공무원은 귀책사유 없는 한 장래에 향해 효력발생

2. 봉급 등 급여의 반환여부

(1) 능력요건결여의 경우

결격사유 있는 공무원은 법률상 원인 없는 급여를 받은 부당이득인 반면, 국가·지방자치단체는 법률상 원인 없이 노무를 제공받은 부당이득이므로, 특별한 사정이 없는 한 상호 부당이득반환청구권 행사 불가 또는 등가의 상계 타당. 결국 임용권자는 결격사유 있는 공무원에게 지급한 봉급의 **반환청구 불가**

(2) 성적요건 결여의 경우

취소되기 전에는 공무원으로서 근무한 것이므로 **반환의무 없음**

3. 퇴직급여청구권 여부 [사시 53회, 변시 2회]

(1) 능력요건결여의 경우

① 상대방의 신뢰보호 및 법적 안정성을 이유로 거부 못한다는 긍정설, ② 급여는 적법한 근무를 전제로 하므로 지급불가하다는 부정설, ③ 공무원이 납부한 기여금에 해당하는 부분은 후불임금적 성격이므로 지급해야 한다는 제한적 긍정설로 견해 나뉨. 판례는 종래의 부정설에서 제한적 긍정설로 변경하였는바(대판 2004.7.22.2004다10350), 제한적 긍정설이 타당

(2) 성적요건 결여의 경우

공무원으로서 근무한 것이므로 받을 수 있음

4. 요건결여 공무원의 행위의 효과 [행시 57회]

(1) 능력요건결여의 경우

결격사유 있는 자의 임용은 당연무효이므로 형식상 공무원으로서 행한 행위도 무권한자의 행위로 무효, 단 사실상 공무원으로서 행한 행위로 인식될 수 있는 경우 선의의 제3자의 신뢰보호 내지 기성 행정질서의 안정을 위해 사실상 유효 / 형법상 수뢰죄 성립(대판 2014. 3.27. 2013도11357)

(2) 성적요건 결여의 경우

취소되기 전의 행위는 **유효**

157 직위해제

<개 835, 연 656> [행시 55회, 5급 20년]

1. 의의, 법적성격

공무원 신분 보유하면서 직위담당을 해제하는 행위를 말함 / 잠정성·제재적 처분성·재량행위성·징계와 구별(일사부재리원칙·이중처벌금지원칙 부적용)

2. 직위해제사유(국공법 73조의3, 지공법 65조의3)

① 직무수행능력이 부족하거나 근무성적이 극히 나쁜 자(제2호), ② 파면·해임·강등 또는 정직에 해당하는 징계의결이 요구 중인 자(제3호), ③ 형사사건으로 기소된 자(약식기소는 제외)(제4호), ④ 고위공무원단에 속하는 일반직 공무원으로서 제70조의2 제1항 제2호 및 제3호의 사유로 적격심사를 요구받은 자(제5호), ⑤ 금품비위·성범죄로 조사·수사 중인 자로 비위정도가 중대하고 정상적 업무수행 기대하기 어려운 자(제6호)

3. 직위해제사유간의 경합

직위해제사유 중 제2호와 제3호 또는 제4호가 경합하면 제3호 또는 제4호의 직위해제처분을 해야

4. 직위해제절차

(1) 직위해제처분사유설명서의 교부

직위해제사유의 구체적 적시 등의 직위해제인사발령통지서로 대체가능 / 이의 흠결효과에 대해 ① 직위해제에 불복하는 경우 제소기회를 주고자 하는데 불과하다는 **유효설**, ② 공무원법 및 행정절차법의 규정을 흠결하여 무효라는 **무효설**, ③ 절차하자로 원칙적으로 취소사유라는 **취소설**로 나뉨. **판례**는 유효설을 취하나, 절차하자로 보아 취소설이 타당

(2) 행정절차(사전통지 등) 적용여부

① 행정절차법 제3조 제2항의 적용제외사항인 제9호의 '공무원인사관계법령에 따른 징계와 그 밖에 처분'에 해당한다는 **부정설**, ② 행정절차를 거치기 곤란하거나 불필요하다고 인정되는 처분이라고 보기 어렵고 행정절차에 준하는 절차를 거치도록 하는 규정도 없으므로 행정절차를 적용해야 한다는 **긍정설**, ③ 징계요구나 형사사건으로 기소된 사유는 비교적 분명하나 직무수행능력부족이나 근무성적 불량이라는 제2호 사유는 불확정개념이고 대기명령을 거쳐 직권면직 될 수 있다는 점에서 행정절차의 적용이 요구된다는 **제한적 긍정설**이 대립된다. **판례**는 부정설을 취하나(대판 2014.5.16. 2012두26180), 제2호의 사유에는 행정절차가 필요하다는 점에서 제한적 긍정설이 타당함(서울고법 2012.10.18. 2011누45612)

5. 직위해제의 효력

직무 종사 못하고 출근 못함. 제2호 직위해제의 경우 3개월 범위에서 대기를 명하고 교육훈련 등 필요한 조치해야.

6. 직위해제의 소멸

사유소멸 되면 지체 없이 직위 부여해야 / 징계처분종료 및 확정판결이 나면

직위해제효력 상실

7. 직위해제기간 만료후의 소익

직위해제 만료후 무효 또는 취소되어 소급하여 효력 소멸되지 않는 한 승진소요연수의 불산입 및 보수감액지급부분 등 회복 필요하므로 그 효력 다툴 소의 이익 있음(대판 2010.7.29. 2007두18406)

158 공무원관계의 소멸

<개 841, 연 656>

1. 의원면직

(1) 의의, 성질

공무원 자신의 자유로운 의사표시에 의하여 공무원관계를 소멸시키는 행위 / 쌍방적 행정행위(사의표시+면직처분)

(2) 사직의 의사표시의 효력

임용권자의 수리의무(의원면직처분은 재량여지 없음)

(3) 강박에 의한 사직의 의사표시

의사결정의 자유를 박탈할 정도의 강박에 의한 경우는 무효

(4) 진의 아닌 사직의 의사표시 [행시 56회]

사직의사 없음에도 사직서제출의 경우 특별한 사정없는 한 의사표시대로 효력발생(민법 107①)/ 위 조항 단서 "상대방이 표의자의 진의 아님을 알았거나 알 수 있었을 경우는 무효"의 적용여부에 대해, ① 사인의 공법행위에는 적용되지 않는다는 **적용부정설**, ② 이 규정은 일반법원리적 규정에 해당하여 공법관계에도 적용된다는 **적용긍정설**로 나뉨. **판례는** 적용부정설을 취하나(대판 2000.11.14. 99두5481 등), 징계파면 등 불이익을 면하기 위해 사직원을 제출한 경우는 비진의 의사표시로 볼 수 없다고 함(대판 2000.4.25. 99다34475). 생각건대, 이 규정은 일반법원리적 규정에 해당되며 공무원의 신분보장과 직업공무원제의 취지상 적용긍정설이 타당.

(5) 사직 의사표시의 철회

의원면직처분 전까지 가능

2. 직권면직 <연 656>

(1) 의 의

일정한 사유가 있는 경우에 본인의 의사와 관계없이 임용권자가 일방적 의사에 의하여 공무원의 신분을 박탈하는 일방적 면직처분을 말함

(2) 사 유

① 직제의 개폐 또는 예산감소 등에 따라 폐직·과원이 되었을 때, ② 휴직 후 직무복귀 않거나 직무감당 못할 때, ③ 직위해제로 대기명령 받은 자가 그 기간에 능력·근무성적의 향상을 기대하기 어려울 때 등

(3) 절 차

① 징계위원회의 의견청취·동의(미리 관할 징계위원회의 의견 들어야, 다만 직무수행능력 부족 등으로 대기명령 받은 자의 면직은 징계위원회(지방공무원은 인사위원회)의 동의 받아야), ② 면직기준설정(임용형태, 업무실적, 직무수행능력, 징계처분사실등), ③ 처분사유설명서 교부

(4) 효 과

공무원관계소멸(징계면직과 달리 공무원 임용제한과 퇴직연금제한 없음)

159 공무원의 불이익처분에 대한 구제

<개 846, 연 670> [행시 53회, 57회, 60회]

1. 소 청 [사시 51회, 55회]

(1) 의 의

징계처분 그 밖에 그의 의사에 반하는 불이익처분 받은 자가 그 처분에 불복하여 관할 소청심사위원회에 심사를 청구하는 구제절차를 말함 / 특별행정심판절차

(2) 소청사항(대상)

징계처분·강임·휴직·면직처분 그 밖에 그 의사에 반하는 불리한 처분이나 부작위(국공법 9①, 소청절차규정2①)

(3) 소청심사기관

소청심사위원회(인사혁신처 등에 둠)/ 지방소청심사위원회·교육소청심사위원회(지방)/ 교원소청심사위원회(교육부)

(4) 소청절차

(가) 제기 : 처분사유설명서를 받은 날부터(못 받지 경우 그 처분 안날부터) 30일 이내에

(나) 심사 : 위원회는 심사청구서를 받으면 피소청인에게 알려 답변서를 받고 그 부본을 소청인에게 우송, 심사할 때 필요하면 검증·감정 그 밖에 사실조사를 하거나 증인소환, 질문, 관계서류제출을 명할 수 있음/ 소청인 또는 대리인에게 진술기회 주지 않고 한 결정은 무효

(다) 결정 : 소청 접수일부터 60일 내에 결정해야(불가피한 경우 30일 연장)/ 결정은 각하, 기각, 취소·변경, 무효등 확인 및 의무이행명령 등 있음/ 불이익변경금지원칙 및 불고불리원칙 적용/ 결정은 처분청을 기속

(라) 불복 : 결정에 불복하면 원처분청을 상대로 행정소송 제기 가능

2. 행정소송 [5급 20년]

(1) 소청심사전치주의

원칙적으로 소청을 거친 후, 결정서 송달 받은 날부터 90일 이내에 / 관할 행정법원에 제기

(2) 대상적격

원처분주의에 따라 원래의 불이익처분, 다만 소청 자체에 고유한 위법이 있는 경우에 한해 소청결정이 대상 / 소청에서 유리하게 변경된 경우, ① 원처분설, ② 소청결정설, ③ 변경된 원처분설(판례, 다수설)

(3) 피고적격

원처분청 / 수정결정의 경우에도 변경된 원처분설에 따라 원처분청

3. 고충심사

(1) 의 의

각종 직무조건과 그 밖에 신상문제에 대해 인사상담이나 고충의 심사를 중앙인사관장기관의 장, 임용권자 등에게 청구하여 고충심사위원회가 심사하는 제도

(2) 고충심사위원회

중앙인사기관장에 중앙고충심사위원회를, 임용권자 또는 임용제청권자 단위로 보통고충심사위원회를 둠

(3) 심사청구의 제출·결정

접수일부터 30일 이내 고충심사결정을 하여 설치기관 장에게 송부

(4) 심사결과 처리

설치기관은 심사결과를 청구인에게 통보하고 직접 고충해소조치를 하거나 관계기관에게 필요한 조치요구를 함 / 고충심사결정은 헌법소원 및 행정소송의 대상인 처분 아님

4. 교원에 대한 불이익처분의 경우 <연 683>

(1) 소청심사

「교원지위향상을 위한 특별법」에 따라 처분을 안 날부터 30일 이내에 교육부에 두는 교원소청심사위원회에 청구(사립교원 포함)/ 접수일부터 60일내에 결정/ 소청결정은 처분권자를 기속

(2) 행정소송 제기

(가) 원고적격 : 불이익처분 받은 교원, 사립학교의 경우 학교법인·사립학교 경영자 포함

(나) 피고적격 : 재결자체에 고유한 위법이 없는 한 원처분청, 사립학교 교원에 대한 경우는 소청결정에 의해 비로소 행정처분이 되므로 소청심사위원회

(다) 대상적격 : 원처분(변경된 원처분), 사립학교 법인 등의 경우 소청결정

(라) 제기기간 : 소청결정서 송달받은 날부터 90일 이내

160 공무원의 의무

<개 857, 연 641,670>

○ 선서의 의무 ○ 성실의 의무 ○ 직무상 의무

1. 복종의무

직무 수행할 때 소속상관의 직무상 명령에 복종해야 함(국공57, 지공49)

(1) 소속상관

해당 공무원의 직무에 관하여 지휘·감독권을 가진 자를 총칭

(2) 직무명령

상관이 직무에 관하여 하관에게 발하는 명령 / 상급관청이 하급관청에 발하며 기관구성자의 변동과 관계없이 효력 가지는 훈령과 구별 / 형식적 요건(정당한 권한자, 하관의 직무범위내 등)과 실질적요건(적법타당)

(3) 한 계

1) 하관의 실질적 요건 심사여부, ①부정설, ②긍정설 / 노동조합 전임자에 대한 직무명령(노동조합의 정당한 활동범위 내의 사항을 대상으로 하는 경우에는 복종의무 없음) / 경합하는 경우 ①상급상관설, ②직근상관설(통설)

(4) 효 과

위반의 경우 위법 아니고 징계 대상

2. 비밀엄수의무

(1) 의 의

재직 중은 물론 퇴직 후에도 직무상 알게 된 비밀 엄수해야(국60,지52)

(2) 범 위

① 행정기관이 비밀로 취급하는 것이라는 형식설과, ② 객관적·실질적으로 비밀성 있는 것으로 형벌로 보호할 만한 가치 있는 것이라는 실질설(판례)이 대립

(3) 비밀엄수여부 판단

행정공개원칙의 예외이므로 구체적으로 정해야

(4) 예 외

증언 및 감정, 정보공개법에 의한 정보

공개

(5) 위반의 효과

징계사유 및 형사책임

161 공무원의 징계책임

<개 866, 연 631,641,656,670,679>
[행시 53회]

1. 의의, 성질

공무원이 공무원관계에서 부담하는 의무위반의 경우에 국가가 공무원관계의 질서유지 위해 그 위반에 대해 과하는 제재를 받을 지위를 말함 / 징계와 형벌은 목적・권력적 기초・성격・대상・내용 달리하여, 병과 가능, 일사부재리 원칙 부적용

2. 징계사유

① 공무원법 및 이 법에 따른 명령위반, ② 직무상 의무위반 및 의무태만, ③ 직무 내외를 불문하고 그 체면・위신손상행위 / 징계사유의 시효는 징계사유 발생일부터 3년(금품 및 향응수수, 공금횡령 등은 5년)

3. 징계사유 해당여부 판단

사유해당여부・인정범위・대상・방법 등 결정에 재량

4. 사유발생시점, 사유승계, 사유중복

공무원 재직 중/ 징계사유 있는 공무원이 다른 공무원으로 임용되면 승계/ 기존 징계처분의 전력 참작

5. 징계의 종류

파면, 해임, 강등, 정직, 감봉, 견책

6. 징계절차

(1) 징계의결 요구

징계사유 존재하면 징계의결요구해야(기속행위)/ 징계의결요구서사본 송부
[행시 60회]

(2) 징계위원회의 징계의결

① 징계의결요구서 접수일부터 30일(중앙징계위는 60일) 내에 의결해야, ② 징계혐의자의 진술기회부여, 심문・사실조사 및 감정, ③ 징계의결 요구된 징계사유에 의한 징계, 감사와 수사선행의 원칙, ④ 징계의결 결과통보

7. 징계처분권자

징계위원회가 설치된 소속기관의 장이 행함 / 징계의결서 받은 날부터 15일 이내에 집행 / 징계의결이 가볍다고 판단되면 직근상급기관에 설치된 징계위에 심사・재심사청구

8. 징계처분에 대한 불복

징계처분사유설명서를 받은 날부터 30일 내에 소청심사 청구 가능

162 경찰권의 일반적 수권조항 가능성

<개 892, 연 695> [입시 25회]

1. 일반조항의 의의와 필요성

경찰권발동을 위한 개별적 법률규정이 없는 경우 경찰권발동의 보충적 근거법규로서 마련된 일반적・포괄적 내용의 수권조항을 말함

2. 일반조항의 인정여부

경찰관직무집행법 제2조(직무의 범위)

7호 "그 밖에 공공의 안녕과 질서유지"를 경찰권발동의 근거로 할 수 있는지.

(1) 학 설

① 경찰의 성질상 요건과 효과를 구체적으로 정하기 어려우므로 제7호를 일반조항으로 보고 개별적인 작용법적 근거 없을 때 제2차적·보충적 수권조항으로 이해하는 **긍정설**, ② 권력작용으로서의 경찰작용은 법률유보의 원칙상 개별적 작용법에 의한 구체적 수권이 필요하므로 제7호는 조직법상의 직무규정에 불과하다는 **부정설**, ③ 일반조항의 필요성을 긍정하면서 명시적인 입법조치가 필요하다는 **입법필요설**이 대립

(2) 판례 및 검토

대법원은 긍정설을 취하나(대판 85도2448) 헌법재판소는 부정설을 취함(헌재 2009헌마406). 생각건대, 긴급한 구체적 위험이 현존하는 예외적인 경우에 한해 긍정함이 타당

3. 일반조항의 적용요건

① 보충성의 원칙, ② 개인의 생명·신체·자유·제산에 구체적 위험의 존재, ③ 구체적 위험의 현존

4. 개별적 수권조항

경찰관직무집행법상의 개별적 수권조항에 따른 표준조치, ① 불신검문, ② 보호조치, ③ 위험발생방지조치, ④ 범죄의 예방과 제지, ⑤ 위험방지를 위한 출입, ⑥ 사실확인 등, ⑦ 경찰장비의 사용 등

163 경찰권의 조리상 한계

<개 898; 연 702,707>

1. 경찰소극목적의 원칙

경찰권은 직접 사회공공의 안녕과 질서유지를 위해 위반상태의 예방과 제거를 위함에 그치며, 적극적으로 공공복리 증진을 위해 발동 못함

2. 경찰공공의 원칙

경찰권은 사회공공의 안녕질서유지와 직접 관계없는 생활관계에 원칙적으로 관여 불가 / ① 사생활불가침의 원칙, ② 사주소불가침의 원칙, ③ 민사관계 불간섭의 원칙

3. 경찰책임의 원칙 [행시 54회, 57회, 입시 29회]

(1) 의 의

경찰권은 원칙적으로 질서위반 행위 또는 상태의 발생이나 발생위험에 대해 직접 책임질 지위에 있는 자에게만 발동할 수 있다는 원칙

(2) 주 체

자연인과 법인, 국가기관 등 / 공법인 포함여부에 대해서는, ① 공법인은 다른 기관의 간섭을 받음이 없이 권한행사를 하여야 하므로 부정된다는 **부정설**과, ② 공법인의 업무수행에 지장을 주지 않는 범위에서 가능하다는 **긍정설**이 대립되는바, 후설이 타당

(3) 행위책임

(가) 의의 : 자기 또는 자기의 지배권에 속하는 자의 행위로 질서위반의 상태가 발생한 경우에 지는 책임

(나) 타인의 행위에 대한 책임의 성질 : 자기 지배권 내에서 질서위반 상태가 발생한 데에 대한 자기책임

(다) 책임귀속의 결정기준 : 행위와 질

서위반상태간의 인과관계의 결정기준에 대해, ① 모든 조건은 결과에 인과성 있다는 **조건설**, ② 통상 발생하는 결과에 한정하여 경찰위반상태와 인과관계를 정하는 **상당인과관계설**, ③ 직접원인이 되는 행위를 한 자만 책임을 진다는 **직접원인설**(다수설)

(4) 상태책임

(가) 의의 : 물건 또는 동물의 소유자·점유자 기타의 관리자가 해당 물건 또는 동물 의 일정한 상태로 인한 경찰위반상태가 야기한 경우 지는 책임을 말함

(나) 주체 : 물건의 소유자뿐만 아니라 사실상 지배권을 행사하는 모든 사람

(다) 책임요건 및 한계 : 원인 관계없이 책임, 단 자연재해·불가항력 및 사회적으로 상당하지 아니한 우연적인 경우 등 소유자가 감당해야할 위험영역을 넘는 비전형적 사건에 의해 해당 물건의 위해를 야기한 상태를 만든 때는 상태책임 배제

(5) 복합적 책임(경찰책임의 경합)

(가) 의의 : 하나의 경찰위반상태가 다수인의 행위 또는 다수인이 지배하는 물건의 상태에 기인하였거나 행위책임과 상태책임이 중복에 기인한 경우를 말함

(나) 책임의 주체 및 범위 : 일반적으로 경찰위반상태를 가장 신속하고도 효과적으로 제거할 수 있는 자에게 발동 / 행위책임과 상태책임의 경합의 경우는 행위책임자에 발동함이 효율적

(다) 다수책임자 사이의 비용상환청구 : 경찰권발동을 받은 특정인이 다른 경찰책임자에게 비용상환청구권 여부, ① 긍정설, ② 부정설, ③ 절충설(특정인에 대한 경찰권발동이 흠 없는 재량권행사로 볼 수 있는 경우는 비용상환청구권 부인되지만, 재량권행사에 흠 있거나 특정인에 대한 것이 오로지 우연에 의한 것이라면 민법상규정(사무관리, 연대채무)을 유추적용하여 비용상환청구 가능)

(6) 경찰책임의 승계

(가) 의의 : 경찰책임자가 사망하거나 물건의 양도의 경우 그 상속인이나 양수인 등 지위승계자인 타인에게 경찰책임이 이전되는 것을 말함

(나) 승계규정 : 법률유보원칙상 개별법상 승계규정이 있어야 하는바, 명문규정 없는 경우, ① 부정설, ② 긍정설, ③ 유추적용설

(다) 승계적성 : 경찰책임의 일신전속성 여부에 따라 판단, 행위책임은 원칙적 승계부정, 상태책임은 원칙적으로 승계가능

(라) 승계의 한계 : 비례의 원칙, 신뢰보호의 원칙, 시간적 한계

(7). 경찰책임에 대한 예외(경찰비책임자에 대한 경찰권발동)

(가) 의의 : 장해제거를 위한 급박한 필요가 있는 경우 예외적으로 경찰긴급권에 의해서 위반책임이 없는 제3자에게 발동하는 경우를 말함

(나) 법적 근거 : 소방기본법, 재난및안전관리기본법 등, 명문규정 없는 경우 경찰관직무집행법 제2조 제7호의 일반적 수권조항 여부

(다) 요건 : ① 경찰상 장해가 이미 발생하였거나 위험이 목전에 급박, ② 경찰상 장해의 원인행위자에 대한 경찰권 발동으로는 그 해결 불가능, ③ 경찰기관 스스로 또는 위임에 의해 그 해결

불가능, ④ 경찰비책임자가 경찰상 장해를 제거할 수 있는 상황에 있고, 비례원칙에 따라 수인가능성 있어야

(라) 손실보상

4. 경찰비례의 원칙 [행시 52회]

경찰권은 사회질서유지를 위해 묵과할 수 없는 위해 또는 위해발생의 위험을 제거하기 위하여 필요한 최소한도에서만 발동해야 한다는 원칙

(1) 경찰권의 발동조건

사회공공의 안녕질서유지 위해 묵과할 수 없는 위해현존(진압경찰의 경우), 보통상태아래서 위해발생 확실히 예견할 수 있는 때(예방경찰의 경우)

(2) 경찰권의 발동정도

경찰권 행사와 경찰상 필요와의 사이에 정당한 균형 유지, ① 적합성 원칙, ② 필요성 원칙, ③ 상당성 원칙

5. 경찰평등의 원칙

164 공공용물의 성립

<개 922, 연 712,720>

1. 공공용물의 의의

공물이란 해정주체에 의하여 직접 행정목적에 공용되는 개개의 유체물을 말하며, 공공용물은 직접 일반공중의 공동사용에 제공된 공물을 말함

2. 형태적 요소

일정한 물건이 공공목적을 위해 공용될 수 있는 형태를 갖추어야 함 / 인공공물은 인공에 의하여, 자연공물은 자연적인 상태 자체로 공공의 사용에 제공될 수 있는 실체를 갖추어야함

3. 의사적 요소

일정한 물건을 일반공중의 사용에 제공하고자 하는 행정주체의 의사표시(공용개시행위, 공용지정)가 있어야 함

(1) 인공공물의 경우

(가) 공용지정의 의의 : 공용지정이란 행정주체가 일정한 물건을 일반 공중의 사용에 제공한다는 내용의 의사적 행위를 말함

(나) 공용지정의 형식 : 법규에 의한 경우와, 행정행위에 의한 경우(도로법 제24조)

(다) 공용지정의 시점 : 개별법에 따라 정함, 즉 직접 법령에서 규정, 행정처분으로 결정, 실제사용 등 /도로의 경우 도로구역의 결정고시

(라) 권원의 취득 : 권원 없이 한 공용개시행위의 효과, ① 무효설과 ② 취소설이 대립되는바, 생각건대, 공물이용자의 관계에서는 무권원이 명백한 경우에만 무효이고 공물소유자와의 관계에는 무효라 할 것임

(2) 자연공물의 경우

자연적 상태 자체로서 공물의 성질 가지므로 특별한 공용개시행위 불필요, / 다만, 하천법상 하천은 하천지정행위 필요

165 공공용물의 소멸

<개 925, 연 712> [사시 54회, 행시 52회]

1. 형태적 요소의 소멸

(1) 인공공물의 경우

형태적 요소의 상실만으로 공물로서의 성질을 상실하는지에 대해, ① 공물의 실체가 소멸되고 사회통념상 그 회복 기대할 수 없으면 소멸한다는 긍정설과, ② 국유재산법상 행정재산의 시효취득이 금지되므로 부정된다는 부정설(판례)이 대립하는바, 국유재산법상 행정재산의 시효취득의 부인(7②) 등으로 공물폐지의 사유가 될 뿐이라는 점에서 부정설이 타당

(2) 자연공물의 경우

① 긍정설과 ② 부정설(국유재산법 등, 판례)이 대립되는바, 인공공물의 경우와 같은 이유로 부정설이 타당

2. 의사적 요소의 소멸

(1) 인공공물의 경우

형태적 요소가 멸실되지 않아도 행정주체의 공용폐지의 의사표시로 소멸, 묵시적 의사표시로 족하다는 견해 있으나, 원칙적으로 명시적이어야

(2) 자연공물의 경우

공용폐지 행위 없이 형태적 요소의 멸실만으로 가능여부, ① 공용폐지행위 필요하다는 적극설(판례)과 ② 형태적 요소의 소멸로 충분하다는 소극설이 대립됨. 적극설이 타당.

166 공물의 법률적 특색

<개 928, 연 712,720>

1. 융통성의 제한

공물의 목적 달성을 위한 필요한 한도 안에서 제한됨.

2. 강제집행의 제한

민소법상의 강제집행 대상여부, ①부정설, ②긍정설, 검토(공물의 융통성 여하에 따라 결정)

3. 취득시효의 제한

민법상의 취득시효 규정 적용여부, ① 부정설(판례, 국유재산법), ②제한적 시효취득설, ③완전시효취득설

4. 공용수용의 제한

토지보상법 제19조 제2항 "공익사업에 수용되거나 사용되고 있는 토지 등은 특별히 필요한 경우가 아니면 다른 공익사업을 위하여 수용하거나 사용할 수 없다"의 해석과 관련하여, ①긍정설(더 중요한 공익상 필요 있으면 가능), ②부정설('특별히 필요한 경우'란 명문규정 있거나 또는 공용폐지 후에 할 수 있다는 의미로 봄, 판례)

5. 공물의 범위결정 및 경계사정

공물주체가 일방적으로 결정 / 공물관리권의 발동인 확인적 행정행위 / 정당한 권원의 취득 내지 손실보상 필요

167 공물관리와 공물경찰

<개 831>

1. 공물관리권 [사시 58회]

(1) 의 의

공물주체가 공물의 목적을 달성하기 위한 공물을 관리할 수 있는 권한

(2) 성 질

① 소유권에 의한 작용이라는 소유권설과, ② 공물에 대한 소유권과 별도로 그 자체로서 독립된 공법상 물권적 지배권이라는 물권적 지배권설(통설)이

대립함

(3) 내 용

일반적으로, 공물의 범위결정, 공용부담, 공물목적에의 공용, 공물의 유지·수선·보관, 공물목적에 대한 장해의 방지·제거

(4) 비용부담 및 손해배상·손실보상

2. 공물경찰

공물의 안전을 유지하고 공물사용관계의 질서를 유지하기 위한 일반경찰권의 작용

168 공공용물의 사용관계

<개 934, 연 720,727>

1. 공공용물의 일반사용 [행시 55회]

(1) 의 의

일정한 범위 안에서 자유로이 공물을 사용하는 경우를 말함

(2) 성 질

① 반사적 이익설과 ② 공법상 권리설이 대립

(3) 범위 및 한계

법령에 특별한 규정이 없는 한 공물관리자가 정함 / 공물관리권과 공물경찰권에 의한 제약

(4) 시용료

무료임이 보통이나, 법률·조례 등에 의해 사용료 징수 가능

(5) 인접주민의 일반사용

(가) 의의 : 인접주민에게 일반인에게 허용되지 아니하는 '강화된 일반사용'이 허용되는 것을 말함 / 해당 공물사용에 불가결하게 의존하는 경우, 타인의 공물사용과 공물 훼손 않는 범위에서 허가 없이 자기 수요에 따라 사용할 권리 가진다고 봄

(나) 법적 근거 : 헌법상의 재산권보장 조항, 도로법 제68조(점용료징수의 제한), 주차장법 제10조와 동법시행규칙 제6조의2(노상주차장의 전용주차구획 설치), 관습법상 하천의 유수권·용수권·관행어업권 등

(다) 법적 성질 : ① 관습법 또는 헌법상 재산권으로 보장되는 완전한 의미의 공권으로 보는 절대적 공권설과, ② 장소적 인접성으로 인해 상대적으로 누리는 사실상·경제상 이익이므로 공물의 일반사용의 한 유형이라는 상대적 공권설이 대립됨. 후설이 타당.

(라) 인정기준, 범위, 한계 : ① 인접주민의 일상생활이나 경제활동 등의 편익에 사용 되어 왔거나, 해당 공물사용에 불가결하게 의존되고, ② 인접주민의 이용이 타인의 일반사용을 방해하지 아니하고, ③ 일상생활이나 경제활동에 필요한 범위 내에서만 가능

(마) 권리구제 : 일반사용에 따른 소음·먼지 등 일정한 고통과 불이익 수인해야 하나, 수인한도와 사회적 제약을 넘는 경우 또는 인접주민의 강화된 일반사용이 침해된 경우 등에는 손해전보, 취소소송 등 권리구제 인정

2. 공공용물의 허가사용

(1) 의 의

일반사용이 타인의 공동사용을 방해하고, 혹은 사회공공의 질서에 장해를 미칠 우려가 있는 경우 이를 방지하고 조정하기 위하여 그 사용을 제한한 후 특정한 경우에 신청에 의해 그 제한 해제

하여 사용을 허용하는 경우를 말함

(2) 성 질

일반적 금지해제이며 권리설정 아님, 일시적 사용에 한함, 기속행위

(3) 형 태

(가) 공물관리권에 의한 허가사용 : 공물주체가 다수인의 사용관계를 조정하고 공물의 존립 유지하기 위해, 공물의 적절한 관리 도모

(나) 공물경찰권에 의한 허가사용 : 사용관계에서 발생할 수 있는 사회공공의 안녕질서에 대한 위해제거 위해 일반적 금지 후 해제

(4) 사용허가와 부담

상대방에게 사실상 이익을 줌으로써 사용료 지급의무 등

3. 공공용물의 특허사용 [사시 50회]

(1) 의 의

특정인에게 일반인에게 허용되지 아니하는 특별한 공물사용의 권리를 설정

(2) 성 질

쌍방적 행정행위, 설권행위, 재량행위

(3) 내 용

관계법령이나 특허명령서에 의해 정함

(가) 공물사용권 : 주로 영속적 사용을 내용 / 공법상 채권의 성질, ① 사용권의 공권성, ② 사용권의 채권성, ③ 사용권의 재산권성

(나) 공물사용권자의 의무 : 사용료납부의무, 수축 또는 비용부담의무, 제해시설 및 손실보상의무, 원상회복의무

(4) 특허 없이 사용한 경우의 제재

(가) 변상금 부과 [사시 50회]

(a) 의의 : 사용허가나 대부계약 없이 국유재산을 사용·수익하거나 무단점유한 자에게 부과하는 금액 / 사용료나 대부료의 100분의 120에 상당하는 금액

(b) 성질 : 행정법상 의무위반에 대한 제재로서 과하여지는 급부하명

(c) 부과권자, 부과대상 : 공물 관리청이 무단점유자에게

(d) 공물소유권 여부와 변상금부과 : ① 공물관리권에 의한 작용은 소유권 그 자체에 의한 작용으로 보아 소유권이 필요하다는 **소유권필요설**과, ② 공물관리권을 공법상 물권적 지배권으로 보아 불필요 하다는 **소유권불필요설**(판례)이 대립되는바, 생각건대 변상금부과는 공물관리권에 의한 것이며, 해당공물의 국·공유 또는 사유 여부 관계없이 공물법에서 규율하는 공물관리권에 의해 행사하는 공법상 물권적 지배권의 일종이므로 소유권 불필요설이 타당

(나) 대집행 또는 행정형벌 : 특허 없이 무단으로 사용한 때(국유재산법 74,82, 도로법 114,27)

(5) 일반사용과 특허사용의 병존가능성 [사시 54회]

(가) 의의 : 일반사용과 특별사용이 병행하여 이루어지는 경우를 말함

(나) 판단기준 : 공물의 주된 용도와 기능에 따라 판단

(다) 인도상의 차량진출입통로의 법적 성격 : ① 사용기간의 제한이 없으므로 인접주민의 강화된 일반사용이라는 **일반사용설**과, ② 장기간 사용을 위해 형태변경 등을 취했기 때문에 일반사용과 그 성격을 달리한다는 **특별사용설**이 대립됨. **판례**는 일반보행자의 인도상에

차량진출입통로는 도로의 특별사용이라 하여 특별사용설을 취함. 생각건대, 인도상에 유형적 변경을 가하여 장기간 계속 사용하는 것이므로 일반사용에 병존하는 특별사용이라 할 것임

4. 공물의 관습상 특별사용

(1) 성 립

① 그 이용이 다년간의 관습으로 특정인이나 특정한 주민 또는 단체 등 한정된 범위 내의 사람에 대한 특별한 이익으로 인정되고, ② 평온하고 공연한 이용이 계속됨으로써 일반으로부터 정당한 사용이라고 인식되어야

(2) 성 질

공권설(통설), 사권설

5. 공물의 사법상 계약에 의한 사용(행정재산의 목적외 사용) [5급 20년]

(1) 의 의

특정 공물을 그 용도와 목적에 장해가 되지 않는 범위에서 사용·수익을 할 수 있는 경우를 말함

(2) 근 거

국유재산법, 지방재정법, 도로법, 하천법 등

(3) 성 질

(가) 학설 : ① 사법상 계약설, ② 행정처분설, ③ 이원적 법률관계설

(나) 판례 및 검토 : 판례는 청사 안에서의 점포개설 등 행정재산의 사용허가는 강학상 특허로 봄, 국유재산법상 사용허가(30①)와 사용료징수(32①) 및 의무위반의 경우 직권취소(36①)등의 규정으로 보아 특허로 볼 수 있어 행정처분설이 타당

(4) 사용·수익자의 권리·의무

사용·수익을 허가받은 자는 관련법과 허가조건에 따라 해당 공물의 사용·수익할 수 있는 반면(공권), 다른 사람의 수익·사용 금지, 사용료납부, 허가기간 종료 등에 원상대로 반환 의무

(5) 사용·수익허가 기간

5년 이내, 갱신가능

(6) 사용·수익허가의 취소·철회·제재

다른 사람에게 사용·수익하게 한 때, 보관해태나 사용목적에 위반한 때, 부정한 방법에 의해 허가받은 때, 사용료 납부기한 경과나 관리청의 허가 없이 원상을 변경한 때, 관리청이 직접 공익 또는 공공용으로 사용하기 위하여 필요하게 된 때 보상전제로 철회가능, 관리소홀로 재산상 손해발생의 경우 사용료 이외에 가산금 징수 가능

169 보조금

<개 965, 연 735>

1. 의 의

행정주체가 경제활동을 조성·촉진하기 위하여 반대급부의무 없이 교부하는 금전을 말함

2. 근거 및 한계

일반법으로 「보조금관리에 관한 법률」 및 개별법/ 법적 근거 없어도 예산상의 근거 있으면 가능, 다만 비례평등원칙, 부당결부금지원칙 및 신뢰보호원칙 등 준수요함

3. 성 질

공법상 증여계약설, 쌍방적 행정행위설, 사법상 계약설, 2단계설 등 견해 나뉨. 생각건대, 보조금형태에 따라 다양하나, 보조금관리에관한법률에 따르면 쌍방적 행정행위로 봄이 타당

4. 보조금교부에 대한 제재

법령위반 등의 경우 보조금교부결정의 취소, 보조금반환명령, 강제징수

170 공용수용의 보통절차

<개 985, 연 741>

1. 사업인정

(1) 의 의

특정사업이 공용수용을 할 만한 공익사업에 해당함을 인정하여 사업시행자에게 일정한 절차의 이행을 조건으로 특정재산권의 수용권을 부여하는 행정행위를 말함

(2) 성 질

① 공익사업여부를 판단·결정하는 것이라는 확인행위설이 있으나, 사업시행자에게 수용권을 설정하는 형성행위(특허)라는 **설권적 형성행위설**(통설, 판례)이 타당. ② 필요한 요건충족 하면 사업인정 해야 한다는 기속행위설이 있으나, 공공필요의 판단에 관련이익의 형량을 포함한 전문적·정책적 판단이 가능하다는 **재량행위설**(통설, 판례)이 타당,

판례는 "사업인정은 단순한 확인행위가 아니라 형성행위이고, 사업인정 여부는 행정청의 재량에 속한다."고 판시함(대판 1992.11.13. 92누596)

(3) 요 건

① 공용수용을 할 만한 공익성 존재, ② 공·사익 등 제이익간의 비례원칙에 적합, ③ 사업시행자가 해당 공익사업 수행 할 의사와 능력 존재

(4) 절 차

사업인정권자(국토부장관), 신청서제출(시행자가 시도지사 거쳐 국토부장관에게), 측량 및 조사, 의견청취, 사업인정의 고시

(5) 효 과

고시일부터 수용권 발생, 수용목적물 범위확정(행위금지, 출입하여 측량·조사), 공법상 물권으로서 효력발생

(6) 실 효

재결신청해태로 인해 실효, 사업의 폐지·변경으로 인해 실효

2. 토지·물건의 조서작성

토지·물건의 내용을 확인·명백히 하여 진실성 추정을 인정하여 차후분쟁을 예방하고 토지수용위원회의 심리·재결을 용이·신속·원활을 기하려는 재결신청의 준비절차의 일종 / 비권력적 사실행위

3. 협 의 [행시 59회]

(1) 의 의

사업인정고시 후 사업시행자가 수용목적물의 취득을 위하여 토지소유자 및 관계인과 행하는 합의절차를 말함. 사업인정 전의 협의도 있으나, 사업인정 후의 협의는 재결신청 전에 의무적으로 거쳐야할 필수적 절차임

(2) 성 질

① 대등당사자간의 임의적 합의라는 **사법상 계약설**과, ② 사업시행자가 국가

적 공권의 주체로서 기득의 수용권을 실행하는 방법에 불과하고 협의가 불성립 하면 재결에 의하게 된다는 공법상 계약설이 대립됨. 판례는 토지보상법의 경우 사법상 계약으로 보면서 공익적 특성을 인정하고 있다(대판 2012.2.23. 2010다91206). 생각건대, 토지보상법상 협의가 성립되지 아니하면 수용재결로 이행하게 되는 등 공법적 특성을 지닌다는 점에서 공법상 계약설이 타당

(3) 내용·효과

협의할 사항은 토지수용위원회의 재결에서 결정될 모든 사항임 / 수용의 효과발생, 즉 보상금 지불·토지등 인도, 사업시행자의 목적물에 대한 권리의 원시취득, 피수용자는 권리상실

4. 토지수용위원회의 재결·화해

(1) 의의 및 성질

재결은 협의 불성립 또는 협의불능의 경우 수용권의 구체적 내용을 결정하고 그 실행을 완성시키는 형성적 행정처분으로 공용수용의 종국적 절차

(2) 재결신청

사업시행자가 사업인정 고시일부터 1년 이내에 관할 토지수용위원회에 신청

(3) 재결신청의 청구

토지소유자 및 관계인이 사업시행자에게 재결신청을 할 것을 청구

(4) 재결의 내용·효과

재결내용은 수용할 토지의 구역·손실보상·수용시기 등 / 사업시행자는 보상금지급 또는 공탁을 조건으로 수용시기에 토지의 원시취득, 피수용자는 목적물의 인도·이전의무와 손실보상청구권 및 환매권 발생

5. 재결에 대한 불복

〈행정상 손실보상 참조〉

(1) 이의신청,

(2) 행정소송

취소소송(원처분주의), 무효등확인소송, 당사자소송(보상금증감청구소송)

171 환매권

<개 1002, 연 371, 749> [사시 59]

1. 의 의

공용수용의 목적물이 해당 공익사업에 불필요하게 되었거나 그 공익사업에 현실적으로 공용되지 아니한 경우에 원래의 피수용자가 일정한 요건하에 다시 매수하여 소유권을 회복하는 권리를 말함

2. 성 질

① 공법적 원인에 의해 상실된 권리회복이라고 하는 **공권설**, ② 자기 이익을 위해 일방적 의사에 의해 다시 취득하는 것이라 하는 **사권설**이 대립됨. ③ **판례**는 "환매권은 형성권의 일종으로 환매권을 행사하면 매매의 효력이 발생하는 바, 이러한 환매권의 존부확인 및 환매금액증감에 관한 소송은 민사소송에 해당한다."고 하여 사권설을 취함(대판 2013.2.28. 2010두22368). 생각건대 공권설이 타당

3. 요 건

(1) 환매권자

수용당시의 토지소유자 또는 그 포괄승계인

(2) 목적물

토지소유권 / 소유권 이외의 권리나 토

지 이외의 물건은 환매대상이 아님

(3) 발생요건

① 토지의 협의취득일 또는 수용의 개시일부터 10년 이내에 해당 사업의 폐지·변경 또는 그 밖의 사유로 취득한 토지의 전부 또는 일부가 불필요, ② 취득일부터 5년 이내에 취득한 토지의 전부를 해당 사업에 이용하지 아니하였을 때(토지보상법 91①②).

(4) 행사기간

①의 경우 그 필요 없게 된 때로부터 1년 또는 그 취득일부터 10년 이내에, ②의 경우에는 취득일부터 6년 이내에 행사하여야, 이 기간은 제척기간

(5) 환매가격

원칙적으로 지급받은 보상금에 상당하는 금액. 다만 현저한 지가변동이 있는 경우 협의하여 결정

4. 환매절차

환매의 통지·공고, 이와 무관하게 환매권자의 일방적 의사표시로 성립(형성권)

5. 환매권의 소멸

① 통지·공고일부터 6개월 경과로 소멸, ② 통지·공고 없는 경우에는 토지가 불필요 하게 된 때부터 1년, 그 취득일부터 10년, 사업에 이용되지 아니하고 5년이 된 때에는 그 취득일부터 6년 경과로 소멸

6. 환매권의 제한(공익사업의 변환)

(1) 의 의

공익사업을 위하여 취득한 토지를 다른 공익사업으로 변경하는 경우 별도의 절차 없이 해당 토지를 다른 공익사업에 이용함으로써 토지소유자의 환매권행사를 제한하는 것을 말함

(2) 요 건

① 국가, 지방자치단체, 대통령령으로 정하는 공공기관이 토지보상법 제4조 제1호부터 제5호까지에 규정된 다른 공익사업으로 변경하는 경우, ② 새로운 공익사업은 사업인정을 받거나 받은 것으로 볼 수 있고, ③ 사업시행자가 당초 공익사업의 대상토지를 소유하고 있어야 함

(3) 통 지

변경된 사실을 환매권자에게 통지해야 함

(4) 효 과

환매권자는 환매권 상실하고, 변경고시일부터 새로이 환매권행사기간 진행됨

172 공용환권의 절차

<개 1017, 연 764>

1. 공용환권의 의의

토지이용증진을 위해 특정 토지에 관한 소유권 기타의 권리 및 지상의 시설물에 대한 권리를 권리자의 의사에 관계없이 강제적으로 변환하는 것을 말함/ 주거환경개선, 재개발사업, 재건축사업 / 시행자는 시장·군수등, 토지주택공사등, 조합, 또는 건설업자 등과 공동으로 시행

2. 공용환권의 시행절차

① 사업구역지정(조합설립·인가)→ ② 사업계획인가(토지수용, 분양신청)→ ③ 관리처분계획인가(기존건물철거, 신축)→ ④ 관리처분(준공인가, 분양처분, 청산)

3. 조합의 설립 <행시 61>

(1) 추진위원회의 구성 등

추진위원회는 조합설립의 준비와 추진을 위해 조직된 비법인사단임/ 추진위원회구성승인의 법적 성질은 인가처분인바, 조합설립목적의 중간단계의 처분 / 조합의 설립으로 그 기능소멸하며 조합이 포괄승계함

(2) 조합설립인가의 법적 성질

① 조합의 설립행위의 법률상 효력을 완성시키는 보충행위인 인가로 보는 인가설, ② 법률상 요건을 갖출 경우 정비사업을 시행할 수 있는 권한을 갖는 공법인으로서의 지위를 부여하는 설권행위인 특허로 보는 특허설로 나뉨, ③ 판례는 종래 인가설을 취했으나(대판 2000.9.5. 99두1854 등), 그 후 판례 변경을 통해 "법령상 요건을 갖출 경우 도시정비법상 주택재건축사업을 시행할 수 있는 권한을 갖는 행정주체로서의 지위를 부여하는 설권처분의 성질을 갖는다."고 하여 특허설을 취함(대판 2009.10.15. 2009다30427). 생각건대 특허설이 타당함

(3) 조합과 조합원의 관계

조합은 국가의 감독하에 정비사업이라는 공적사무를 담당하고 있는 특수한 공법인이며, 그 조합원과의 관계에서 토지의 고도이용과 도시기능회복이라는 공적임무를 수행함에 있어서 분양대상자를 일방적으로 결정하는 공권력을 행사하는 경우이므로 공법관계에 해당

4. 사업시행계획 등

(1) 사업시행계획의 의의

사업시행자가 정비구역지정에 따라 고시된 정비계획에 따라 토지이용계획・주민이주계획・건축계획・정비사업비 등 사업시행을 위한 필요한 활동기준의 설정행위를 말함

(2) 작성자 및 절차

시행자가 총회를 개최하여 조합원 과반수의 동의를 얻어 사업시행계획서에 정관 등을 첨부하여 관할청의 인가를 받아야 한다(도시및주거환경정비법 28①⑤).

(3) 사업시행계획인가의 성질

조합이 수립한 사업시행계획에 대한 관할청의 인가는 법률상 효력을 완성시키는 보충행위인 인가임(대판 2010.12.9. 2009두4913 등), 다만, 토지등 소유자가 직접 시행하는 경우에는 사업시행계획인가를 받아야 행정주체의 지위를 가지므로 그 사업시행계획인가는 설권행위임(대판 2013.6.13. 2011두25173)

(4) 사업시행을 위한 조치

임시수용시설의 설치 등, 손실보상, 토지 등의 수용・사용, 매도청구

5. 관리처분계획

(1) 의의 및 성질

재개발사업이 완료된 경우에 할 환권처분의 예정을 말함 / 관리처분계획인가를 받으면 분양대상자와 조합원의 부담규모 등 확정과 정비사업으로 시행된 건축물의 공급 등 구체적인 권리의무의 변동을 가져오므로 항고소송의 대상인 행정처분임(대판 2002.12.11. 2001두6333)

(2) 관리처분계획인가

사업시행자는 분양신청기간이 종료된 때에 분양신청의 현황을 기초로 관리처

분계획을 수립하여 시장·군수의 인가를 받아야 한다(도정법 48①).

6. 관리처분

관리처분은 정비사업의 완료로 시행자가 관리처분계획에 따라 분양처분 및 청산을 위한 형성적 행정행위이다. / 사업시행자는 공사를 완료한 때에는 시장·군수의 준공인가를 받아 관리처분계획에 따라 분양을 받을 자에게 통지하고 건축물 등의 소유권이전을 하여야 한다(동법 52,54).

173 공용환권에 대한 소송

<개 1025, 연 749,764>

1. 조합총회결의의 소송형태 [사시 56회]

(1) 조합설립을 위한 조합총회결의

(가) 조합설립인가 이전 : 주민(또는 토지등 소유자) 총회에 불과하여 민사소송의 형식

(나) 조합설립인가 이후 : 조합설립인가 받고 등기를 마치면 공법인이 성립되어 조합과 조합원의 다툼은 공법상 당사자소송이나, 조합총회결의에 대해서는 조합설립총회결의 무효확인소송설(당사자소송)과 조합설립인가처분 항고소송설이 대립되는바, 판례는 종래 전설에서 후설로 변경함. 후설이 타당

(2) 사업계획인가 및 관리처분계획을 위한 조합총회결의

(가) 관리처분계획 등의 인가 이전 : 사업시행계획 및 관리처분계획의 인가처분을 받기 전에 조합을 상대로 사업시행계획안이나 관리처분계획안을 위한 조합총회결의의 효력을 다투려면 행정소송법상의 당사자소송으로 제기해야 함(대판 2009.9.17. 2007다2428; 대판 2010.2.25. 2007다73598등)

(나) 관리처분계획 등의 인가 이후 : 조합설립이나 사업시행계획안 및 관리처분계획안이 관할청의 인가·고시가 있은 후에 이들을 위한 조합총회결의의 효력을 다투려는 경우에 그 인가처분의 성질과 관련하여 견해가 나뉜다.

(a) 병합설 : 인가를 제3자를 위한 보충행위로 보는 입장에서 조합총회결의에 대한 공법상 당사자소송과 인가처분 취소소송을 병합제기 해야 한다는 입장이다.

(b) 항고소송설 : 관리처분계획 등은 그 인가로 행정처분으로서 효력이 발생하게 되므로 조합총회결의는 그 행정처분에 이르는 절차적 요건 중의 하나에 불과하여 관리처분계획 등의 하자로 보아야 하므로 관리처분계획 등의 항고소송으로 제기해야 한다는 입장이다.

(c) 판 례 : 판례는 종래 관리처분계획 등의 인가설에 따랐으나 근래 판례변경을 통해 항고소송설을 취한다(대판 2010.1.28. 2009두4845, 재개발정비사업조합설립인가처분무효확인 등; 대판 2008.1.10. 2007두16691, 주택재건축정비사업시행인가처분취소). 다만, 조합이 사업시행을 하는 경우에 그 사업시행계획의 인가를 보충행위로 보므로 사업시행계획인가를 다투는 경우에는 병합설을 취한다고 볼 것이다.

(d) 검 토 : 조합설립이나 사업시행계획 및 관리처분계획을 위한 조합총회결의는 각각 행정처분에 이르는 절차적 요건의 하나에 불과하다고 볼 것이므로

조합설립인가나 사업시행계획 및 관리처분계획을 항고소송으로 다투면서 각각의 조합총회결의의 하자를 그 위법사유로 주장해야 한다고 봄이 타당하다(항고소송설).

2. 조합원지위확인소송

(1) 관리처분계획인가 이전

공법상 당사자소송

(2) 관리처분계획인가 이후

① 관리처분계획에 의해 조합원지위가 확정되므로 이미 그 인가처분을 받은 후에는 소의 이익이 없다는 부정설과, ② 관리처분계획은 분양처분 전까지 변경이 가능하므로 소의 이익이 있다는 긍정설(판례)이 대립됨. 생각건대, 분양처분 전에는 관리처분계획의 변경이 가능하므로 긍정설이 타당

3. 수분양권확인을 구하는 공법상 당사자소송

입주권 등을 받을 수 있는 구체적인 권리인 수분양권은 조합원으로서 분양신청을 하여 관리처분계획에 명시되어야 한다. 따라서 분양신청을 하지 아니하여 관리처분계획에서 제외된 경우에 수분양권확인을 위한 공법상 당사자소송이 가능한지 문제된다. 즉, ① 수분양권은 관리처분계획에 의해 발생하므로 분양신청을 밟지 못한 상태에서는 불가하다는 소극설(판례)과 ② 확인소송의 보충성에 따라 확인의 이익이 있으면 가능하다는 적극설이 대립됨. 생각건대, 분양신청을 못한 상태에서는 존재하지 않는 수분양권을 확인하고자 하는 것이 되어 허용될 수 없다고 보아 소극설이 타당함

4. 관리처분계획의 취소소송

관리처분계획은 처분성 인정되어 취소소송 가능

174 개발부담금

<개 1048>

1. 의 의

개발사업시행으로 정상지가상승분을 초과하여 사업시행자에게 귀속되는 토지가액의 증가분에 해당하는 개발이익 중 「개발이익환수에 관한 법률」에 의하여 국가가 부과·징수하는 금액

2. 대상사업

택지개발사업·산업단지개발사업·관광단지조성사업·도시개발사업·지역개발사업 및 도시환경정비사업·교통시설 및 물류시설용지조성사업·체육시설부지조성사업·지목변경이 수반되는 사업 및 위에 열거한 사업과 유사한 사업으로서 대통령령으로 정하는 사업

3. 부과기준

산정된 개발이익의 100분의 20으로 함

4. 부과 및 납부

국토교통부장관이 부과종료시점부터 5개월 이내에 부과하고, 납부의무자는 부과일로부터 6개월 이내에 납부하여야

5. 불복방법

부과·징수에 이의가 있는 자는 「공익사업을 위한 토지 등의 취득 및 보상에 관한 법률」에 따른 중앙토지수용위원회에 재결신청

175 토지거래허가

<개 1049, 연 775>

1. 허가구역지정의 의의

토지의 투기적 거래나 지가의 급격한 상승 또는 그 우려가 있는 지역으로 사전에 관할청의 허가를 받아 토지거래를 하도록 한 지역을 말함

2. 토지거래허가의 법적 성질

① 토지거래를 원칙적으록 금지하고 허가기준에 합치하는 경우에 한해 해제한다는 허가설, ② 사법상 법률행위의 효력을 완성시키는 것이라는 인가설, ③ 허가를 받아야 효력이 발생한다는 점에서 인가의 성질을 가지며 무허가거래의 경우 형사처벌 대상이 된다는 점에서 허가의 성질도 가진다는 허가·인가복합설이 대립됨. 판례는 인가설을 취하는바, 건전하고 투명한 부동산거래질서의 확립에 필요한 범위에서 인정되는 제도라는 점에서 인가설이 타당함.

3. 절차와 효과

(1) 토지거래허가 이전에 행한 토지거래계약의 효력

① 허가의 배제·잠탈하는 내용이면 그 계약은 확정적 무효, ② 허가를 전제로 한 거래계약은 허가를 받으면 소급하여 유효한 계약이 된다는 점에 유동적 무효의 상태에 해당

(2) 토지거래계약 당사자의 협력의무

(3) 토지허가의 목적대로 이용의무

4. 토지거래허가처분에 대한 불복

처분일부터 1개월 이내에 시장·군수·구청장에게 이의신청, 불허가 처분을 받은 자는 매수청구

5. 토지거래허가의 위반에 대한 제재

(1) 선 매

이용목적 대로 이용하지 아니하는 경우 국가 등 공공단체가 그 매수를 원하는 경우 토지취득 우선권 부여

(2) 이행강제금

토지이용의무 불이행의 경우 취득가액의 100분의 10의 범위에서 부과

(3) 제재처분 등

176 개별공시지가

<개 1057, 연 142>

1. 의 의

시장·군수·구청장이 각종 세금부과 그 밖의 다른 법령이 정하는 목적을 위한 지가산정에 사용하도록 하기 위하여 시·군·구부동산가격공시위원회의 심의를 거쳐 매년 결정·공시하는 공시지가의 공시기준일 현재 관할구역 안의 개별토지의 단위면적당 가격을 말함(부동산 가격공시에 관한 법률 10①)

2. 성 질

① 개발부담금 등의 부과기준이 되는 계획의 일종이라는 행정계획설, ② 개발부담금 등의 산정기준을 정한 내부지침인 행정규칙이라는 행정입법설, ③ 지가정보의 제공이라는 사실적 효과를 갖는 사실행위라는 사실행위설, ④ 개발부담금 등의 산정기초로 되어 국민의 권리의무에 직접적 법적 효과를 가져오

게 하는 행정행위라는 행정행위설 등이 대립됨. 판례는 행정행위설을 취하는 바, 조세부과 등의 산정기준으로서 규율효과가 있으므로 국민의 권리의무에 직접적인 법적 효과를 발생하므로 행정행위설이 타당

3. 결정 · 고시

시장·군수 또는 구청장은 시·군·구 부동산가격공시위원회의 심의를 거쳐 결정·공시하고, 이를 관계행정기관등에 제공한다. 이 경우 당해 토지와 유사한 이용가치를 지닌다고 인정되는 하나 또는 둘 이상의 표준지의 공시지가를 기준으로 토지가격비준표를 사용하여 지가를 산정하되, 당해 토지의 가격과 표준지공시지가가 균형을 유지하도록 하여야 한다.

4. 이의신청

개별공시지가에 대하여 이의가 있는 자는 개별공시지가의 결정·공시일부터 30일 이내에 서면으로 시장·군수 또는 구청장에게 이의를 신청할 수 있다(동법 11①).

5. 행정소송 및 하자승계 가능성

처분성이 인정되어 행정소송제기가 가능 / 개별공시지가가 후행처분인 조세부과처분 등에 수인한도이론에 따라 예외적으로 인정됨(판례)

177 건축허가 · 신고

<개 1060, 연 43>

1. 건축허가

(1) 의 의

건축물을 건축하거나 대수선하려는 자는 시장·군수 등의 허가를 받아야 한다(건축법 11①)

(2) 사전결정신청

건축허가신청 전에 허가권자에게 그 건축물의 건축에 관한 해당 대지에의 가능여부와 가능한 건축물의 규모 등에 대한 사전결정을 신청할 수 있다(동법 10①). 사전결정을 통지받은 날부터 2년 이내에 건축허가 신청해야/ 사전결정은 건축허가의 전제요건이 되는 형식적 또는 실질적 요건의 심사에 대한 판단으로 건축허가에 대해 구속력 가짐

(3) 허가신청서 및 의제되는 인허가서류의 제출

허가받으려면 허가신청서·설계도와 제5항(인허가의제) 각호에 따른 관계법령상의 신청서·구비서류 첨부(동법 11③)

(4) 건축허가의 의제

건축허가를 받으면 동조 제5항 각호의 인허가를 받은 것으로 의제됨/ 이 경우 의제되는 인허가의 관계행정청과 미리 협의 해야/ 관계행정청은 요청받은 날부터 15일 이내에 의견제출해야

(5) 건축허가의 법적 성질

(가) 학설 : ① 법정요건 갖추면 허가해야 한다는 기속행위설과 ② 기속행위가 원칙이나 공익상 필요 있는 경우 등에는 재량이라는 예외적 재량행위설 대립

(나) 판례 및 검토 : 법령상의 제한사유 이외의 사유로 허가거부 불가, 다만 중대한 공익상 필요가 있거나 국토의계획및이용에관한법률상 형질변경을 수반하는 경우는 재량이라 함(예외적 재량행

위설). 예외적 재량행위설이 타당

2. 건축신고

(1) 의 의

건축법 제14조 제1항 각호에 해당하는 건축은 신고사항임

(2) 법적 성질

건축신고는 원칙적으로 자기완결적 신고이나, 제14조 제2항에 따른 제11조 제5항의 인허가의제사항이 수리를 요하는 경우에는 예외적으로 행위요건적 신고임

(3) 신고수리여부의 통지

시장·군수 등은 신고받은 날부터 5일 이내(심의·동의·협의·확인 등이 필요한 경우 20일 이내)에 신고수리여부를 신고인에게 통재해야/ 이는 신속히 신고확인을 받음으로써 무신고로 인한 제재처분의 우려 없게 하려는 의도

(4) 건축신고반려처분의 처분성

학설은, ① 반려처분은 법적 효력 발생하지 아니하므로 처분 아니라는 부정설과, ② 건축신고 반려에도 건축하면 시정명령·이행강제금·벌금 등 불안정한 지위 해소 위해 처분성 인정한다는 긍정설이 대립/ 판례는 종래의 부정설에서 긍정설로 변경(대판 2010.11.18. 2008두167)/ 긍정설이 타당

178 환경영향평가

<개 1069, 연 434,775>

1. 의 의

환경에 영향을 미치는 실시계획·시행계획 등의 허가·인가·승인·면허 또는 결정 등을 할 때에 해당 사업이 환경에 미치는 영향을 미리 조사·예측·평가하여 해로운 환경영향을 피하거나 제거 또는 감소시킬 수 있는 방안을 마련하는 것을 말함(환경영향평가법 2(2))

2. 종류 및 대상

전략환경영향평가와 환경영향평가는 도시개발, 산업입지조성, 항만·도로 등 환경영향평가법 제9조 제1항 제22조 제1항에서 정한 설치사업을 대상으로 하고, 소규모환경영향평가는 위 환경영향평가 대상사업의 범위에 해당하지 아니하는 개발사업으로서 대통령령으로 정하는 개발사업을 대상으로 함

3. 환경영향평가의 하자 [사시 57회]

(1) 환경영향평가를 결여한 경우

당연 무효(판례)

(2) 환경영향평가가 부실한 경우

당해 처분의 재량권 일탈·남용 판단요소에 불과(유효)

(3) 환경부장관과의 협의내용에 따르지 아니한 경우

협의 거친 이상 유효

179 조세행정쟁송

<개 1102, 연 781,796>

1. 조세심판

(1) 의 의

조세의 부과·징수에 관한 처분의 위법·부당을 이유로 그 취소·변경을 구하는 쟁송절차를 말하며, 행정심판법의 적용이 배제되고, 국세기본법·지방세기본법·관세법이 적용됨

(2) 이의신청(임의절차)

세무서장 또는 이를 거쳐 지방국세청장에게 제출하며, 이들이 국세심사위원회의 심의 거쳐 결정함(국세기본법 66)

(3) 심사청구

해당 처분 또는 이의신청의 결정통지를 받은 날부터 90일 이내 세무서장을 거쳐 국세청장에게 하며, 국세심사위원회의 심의 거쳐 결정(법 61, 62, 65)

(4) 심판청구

처분 안 날 또는 이의신청 결정통지 받은 날부터 90일 이내에 세무서장 거쳐 조세심판원장에게 함(68, 69)

(5) 지방세기본법/관세법에 의한 조세심판

심판청구는 위와 동일, 이의신청과 심사청구는 지방자치단체장이 지방세심의위원회 의결에 따라 결정(지118) / 이의신청은 세관장에게 이의신청심의위원회 심사(관132), 심사청구는 세관장 거쳐 관세청장, 관세심의위원회 심의(관122,124)

2. 조세행정소송

(1) 조세심판전치주의

심사청구 또는 심판청구의 결정을 거쳐야 제기가능(국세기본법 56②, 관세법 120②)/ 지방세는 임의절차

(2) 제소기간

심사청구 또는 심판청구의 결정 받은 날부터 90일 이내, 불변기간

(3) 소송물

① 과세처분에 의해 확정된 세액이라는 총액주의와 ② 처분이유와 관계된 세액이라는 쟁점주의가 대립함. 총액주의가 타당하며 판례의 입장임

(4) 경정처분에 대한 소송물

(가) 감액경정처분의 경우 : 역흡수설(변경된 당초처분, 다수설, 판례)

(나) 증액경정처분의 경우 : 흡수설(당초처분은 증액처분에 흡수·소멸하여 증액경정처분이 대상, 판례)

(5) 경정처분의 제소기간 및 전심절차 충족여부

(가) 감액경정처분의 경우 : 전심절차 요건충족 / 재결서 통지(감액경정처분) 받은 날부터 90일

(나) 증액경정처분의 경우 : 전심절차 요건충족 / 증액경정처분 기준

180 과오납반환청구

<개 1109, 연 806> [사시 56회, 변시 7회]

1. 의 의

법률상 원인 없이 납부한 조세에 대하여 국가에 그 세액의 환급을 청구하는 것

2. 대 상

조세환급금, 조세환급가산금(조세환급금에 가산되는 이자상당액)

3. 청구권의 성질

(1) 학 설

① 공법상 원인에 의하여 발생한 금전급부의 조정을 위한 제도라는 공권설과, ② 금전채권을 내용으로 하는 부당이득반환청구권으로 보아 사법의 규율을 받아야 한다는 사권설이 대립됨

(2) 판 례

사권으로 봄이 일반적이나, 부가가치세

법에 따른 국가의 부가가치세 환급세액의 지급의무는 공법상 의무로 판례변경(대판 2013.3.21. 2011다95564, 양수금)

(3) 검 토

납세자의 조세환급청구권은 공법상 권리로 보아 공권설이 타당

4. 조세환급청구소송

조세환급금을 환급하지 아니할 경우 납세자의 환급청구의 소제기

(1) 성 질

(가) 학설 : ① 조세환급청구권을 공권으로 보아 공법상 당사자소송에 의해야 한다는 공법상 당사자소송설(다수설)과, ② 이 청구권을 사권으로 보아 민사소송에 의해야 한다는 민사소송설이 대립함

(나) 판례 : 민사소송설을 취하나, 부가가치세환급소송은 공법상 당사자소송으로 판례변경을 함(위 판례)

(다) 검토 : 국세기본법에 따른 국세의 환급세액이나 부가가치세법에 따른 부가가치세 환급세액 모두 국가의 반환의무를 규정하고 있는바(국세기본법 51⑥, 부가가치세법 59①), 이는 공법상 의무로 납세자는 이에 대응하여 공법상 환급청구권이 인정된다고 볼 것이므로 공법상 당사자소송설이 타당

(2) 항고소송과의 병합 여부

(가) 국세환급결정 및 그 거부처분의 경우 : 국세기본법 제51조에 따른 국세환급금결정은 내부적 사무처리절차로서 과세관청의 환급절차를 규정한 것에 불과하고, 납세자가 납부하거나 징수당한 오납금의 반환청구권은 납부 또는 징수 시에 발생하여 확정되는 것이므로, 국세환급금결정이나 환급거부결정 등은 항고소송의 대상인 처분이라고 볼 수 없다(대판 1989.6.15. 88누6436; 대판 1992.03.31. 91다32053). 따라서 국세환급결정이나 그 거부처분에 대해 항고소송을 제기할 수 없고, 직접 국세환급청구소송을 공법상 당사자소송으로제기할 수 있다.

(나) 취소사유인 과세처분의 경우 : 취소사유인 과세처분에 따른 납세액은 공정력으로 인해 아직 법률상 원인 없는 납세액이라 할 수 없으므로 과세처분 취소소송의 제기가 필요하다. 이 경우 과세처분 취소소송을 제기기간 내에 제기하고 이에 국세환급청구소송(공법상 당사자소송이든 민사소송이든)을 행정소송법 제10조 제2항에 따라 관련청구병합의 방식으로 제기할 수 있다.

[저자 약력]
고려대학교 대학원 법학과 졸업(법학박사)
성신여자대학교 법과대학 교수
미국 캘리포니아 대학교(U.C.Berkerly) School of Law 객원교수
국회 입법지원위원 · 교수신문 편집위원 · 참여연대 자문교수
사법시험 · 행정고시 · 입법고시 · 5급승진 · 감정평가사 ·
공인노무사 등 시험위원
한국공법학회 · 한국토지공법학회 · 한국행정법학회 등 부회장 및
한국환경법학회 · 한국부동산법학회 회장

[저서 및 논문]
법학개론(대명출판사)
행정법개론(탑북스)
행정법연습(대명출판사)
행정심판제도연구, 행정절차에 관한 연구,
행정규칙의 효력 외 논문 다수

행정법요점정리(제3판)

2017년 2월 2일 초 판 발행
2018년 3월 2일 개정판 발행
2021년 2월 25일 제3판 발행

저 자 김 향 기
발행자 이 철 구
발행처 大明出版社
서울특별시 종로구 삼봉로 68
등 록 제300-1970-1호[구:제1-82호]
전 화 02)734-8210, 734-8211
F A X 02)737-8211
LCGDAE@chol.com

정가 15,000 원 ISBN 978-89-5774-360-7 93360